은밀한
세계사

머리말

쉿, 어른들의 이야기를 들려드릴게요

　타닥타닥, 장작이 타오르는 소리가 들리고 밤하늘엔 작은 별들이 반짝입니다. 모닥불 앞에 모여 앉아 모두가 귀를 쫑긋 세우면, 옛날 옛적의 이야기를 시작합니다. 어릴 적, 학교의 딱딱한 의자에 앉아 지루하게 계속되는 연도와 왕 이름과 사건 등을 한 글자 한 글자 공책에 받아 적을 때보다, 어두컴컴한 밤에 수군거리며 했던 이야기가 더 기억에 남아 나중에도 즐거운 추억으로 마음 한구석에 자리 잡고는 합니다.
　그런 이야기를 함께 나누고 싶어 블로그를 시작했고, 이후 『스캔들 세계사』 시리즈를 내며 이웃분들, 독자 여러분들과 함께 역사 이야기들 속에서 울고 웃으며 여기까지 왔습니다. 처음에는 대여섯 명이 모여서 이야기하던 블로그는 어느덧 깜짝 놀랄 만큼 많은 분들이 찾아주시는 광장이 되었습니다. 하지만 연령대가 다양해지자 저도 모르게 새로운 소재를 찾을 때 자기검열을 하기 시작했습니다. 초등학생인 어린 친구들도 즐겨찾는 블로그에 이 책에 들어간 것 같은 내용을 올려도 되는 것인지 걱정되었기 때문이었지요.

하지만 역사란, 단순히 이 나라와 동맹을 맺었다든지, 저 나라와 전쟁을 벌였다 같은 정치 외교적인 이야기뿐만이 아니라 우리가 살고 있는 개개인의 삶 하나하나를 모두 포함하는 웅장하고 다채로운 것이라고 생각합니다. 그래서 이른바 '어른'의 영역이라 하는 성(性)이나 폭력도 모두 우리 사는 이야기의 일부인데 싶어 아쉬운 마음에 다양한 소재를 모아 『은밀한 세계사』를 선보이게 되었습니다.

이 책에 실린 이야기들은 아주 흥미롭지만 우리에게 잘 알려지지 않았던 역사입니다. 하지만 출처나 근거가 불분명한 야사가 아니라 신뢰할 수 있는 문헌과 사진, 그림 등이 존재하는 당당한 정사(正史)입니다. 역사, 하면 대개 정치경제사나 사회사, 사상사 등이 중시되지만 사적인 영역의 내밀한 이야기도 역사의 일부이며 많은 학자들이 관심을 갖고 오랫동안 연구해온 분야이기도 합니다. 역사를 뒤바꾼 수많은 사건들은 결국 누군가의 사생활과 연결되어 있곤 하니, 사생활에 대한 연구는 전체적인 역사에 대한 이해와 완성도를 더욱 높여주기도 합니다. 오늘을 사는 우리 주변에서도 개인의 감정이나 관계로 인해 국가와 사회의 모습이 심하게 달라지는 것을 흔히 볼 수 있지요.

밤이 무척 깊었습니다. 멀리서 부엉이가 울고, 곤충들도 조용해진 밤입니다. 모닥불에 장작을 두어 개 더 던져 넣고 아이들에겐 자러 가라고 합시다. 그리고 이제 우리끼리 소곤소곤, 어른들만의 은밀한 역사 이야기 속으로 들어가보겠습니다.

이주은

차례

머리말 · 4

1. '자궁의 병'을 달래는 기묘한 방법 · 9
   _ 빅토리아 시대 여성 히스테리 치료법이 만든 놀라운 발명품

2. 공주는 스르르 잠이 들고 · 22
   _ 「잠자는 숲 속의 미녀」 원작 동화 「해, 달, 그리고 탈리아」

3. 위풍당당, 나는 남자랍니다 · 40
   _ 중세 유럽 남성들의 민망한 패션 아이템, 코드피스 이야기

4. 파리의 뒷골목에서 왕의 침실까지 · 54
   _ 프랑스 최후의 애첩, 마담 뒤 바리

5. 베르사유의 장미는 어떻게 시들었나? · 82
   _ 마리 앙투아네트를 향한 악의적인 프로파간다와 전단지의 위력

6. 죽은 자와 함께 피에 젖은 춤을! · 100
　_ 단두대가 낳은 기괴한 파티, '망자의 무도회'

　살짝 더 은밀한 세계사1 ─ 나의 것을 빼앗지 말아주오! · 112

7. '깜짝 선물'은 싫어요! · 116
　_ 실피움에서 콘돔까지, 피임의 역사

8. 친절한 낯선 이를 조심하렴! · 127
　_ 다양한 변주를 거듭한 동화 「빨간 모자」가 전하는 교훈

9. 회색 안개 속 어느 하녀의 잔혹극 · 155
　_ 영국을 뒤흔든 살인사건 '반스 미스터리' 이야기

10. 홈즈와 살인의 성 · 171
　_ 미국 최초의 연쇄살인마 H. H. 홈즈

　살짝 더 은밀한 세계사2 ─ '리틀 나폴레옹'의 기묘한 여행 · 190

11. 어른 말을 듣지 않는 아이는 죽어야 한다? · 194
_ 알고 보면 무시무시한 원작 「피노키오」의 교훈

12. 아기 농장과 천사를 만드는 사람들 · 211
_ 빅토리아 시대에 '아무도 원치 않는 아기'는 어디로 갔을까

13. 뉴욕의 '시궁쥐들'을 싣고, 기차는 떠나네 · 230
_ 이민자의 대륙이었던 19세기 미국의 참혹한 풍경

14. 무삭제판 '안네의 일기', 유죄인가요? · 246
_ 10대 소녀의 솔직한 성장 일기를 둘러싼 어른들의 갑론을박

각주 · 263

참고문헌 · 266

1. '자궁의 병'을 달래는 기묘한 방법

빅토리아 시대 여성 히스테리 치료법이 만든 놀라운 발명품

바이브레이터. 글자 그대로는 '진동기'라는 뜻이지만 어른들을 위한 역사책에서 다짜고짜 바이브레이터라는 말이 등장하니 설마 머릿속에 발마사지 기구가 떠오르진 않으시겠지요. 보통 바이브레이터라고 하면 여성들의 성적 쾌락을 위한 기구를 생각하곤 하는데요. 이 기구가 등장한 것은 언제쯤이며 도대체 왜 만들어진 것일까요? 보통은 아무래도 '20세기 중후반쯤에 여자들 기분 좋으라고 생겼겠지!'라고 생각하기 마련이지만, 바이브레이터가 등장하게 된 것은 여성들의 쾌락을 위해서가 아니라 의사들의 지쳐버린 손목을 위해서였답니다.

옛날 옛적, 빅토리아 시대였던 19세기 유럽에서는 아~주 많은 여성들이, 아~주 자주 걸리는 병이 하나 있었습니다. 병의 증상은 참으로 다양해서 일일이 헤아릴 수도 없을 지경이었죠. 이 글을 읽고 있는 여러분

도 여성이라면 당시 기준으로는 이 병에 걸려 있을 수도 있습니다. 병의 증상 가운데 대표적인 것만 나열해보자면 기절, 신경질, 흐느낌, 우울, 호흡 곤란, 주체할 수 없는 웃음, 입맛 없음, 배우자와의 성관계를 짜증스러워 하거나 하기 싫어함 등이 있으며 그중 현대 여성이라면 가장 어처구니없어 할 증상은 바로 '순종하지 않고 문제를 일으킴'입니다. 남자들이 '감히 남편 말을 안 들어? 병에 걸린 것이 틀림없군!', '뭣? 이혼하고 싶다고? 이 여편네가 병에 걸린 게 틀림없어!'라고 외쳐대던 이 병의 이름은 바로 '여성 히스테리' 또는 '여성 정신이상증'입니다.

우리도 일상생활에서 '저 사람 왜 저렇게 히스테리를 부려?' 하는 식으로 자주 사용하는 단어인 '히스테리(Hysteria)'의 어원은 머나먼 고대 그리스까지 거슬러 올라갑니다. 뜻은 '자궁의 병'이었죠. 여성들이 주로 걸리곤(?) 했던 이 '여성 히스테리(female hysteria)'는 오늘날에는 병으로 인정받지도 못하는 증상이지만 과거에는 몇 백 년 동안 여성이 아프기만 했다 하면 이 병의 이름을 읊어댔답니다.

지금 와서 생각해보면 이 병의 증상이라고 외치는 모든 것들은 당시 사회가 여성에게 요구하는 모습에 맞추어 살지 않았을 때 나타날 만한 증상들입니다. 조신하고 언제나 상냥하고 대화하기 편하고 생글생글 웃고 남편의 모든 말에 고분고분 순종하는 여성의 이미지를 당시 모든 여성에게 투영시키려 하다 보니 그 기준에서 벗어나는 여성은 정신이상자로 낙인을 찍어버린 것이었죠.

과거 의사들은 여성 히스테리를 이해하기 위해 고대 그리스로부터 영감을 구했습니다. 고대 그리스에서 여성은 불완전한 남성으로 취급되었고 여성의 자궁은 이에 불만을 품고 한자리에 얌전히 있지 않고 여

빅토리아 시대 영국의 유명한 풍속화가인 윌리엄 파웰 프리스가 그린 「생일 축하합니다(Many Happy Returns)」(1856). 빅토리아 시대의 여성은 순종적이고 자애롭고 희생정신이 강하며 순결한 '집안의 천사'이자 '가정의 빛'이어야 했다. 사회가 요구하는 역할에 충실하기 위해 여성들은 얼마나 많은 스트레스를 받았을까.

성의 몸 안을 휘젓고 다니면서 숨 쉬기 어렵게 만들고 여성을 끝없이 괴롭힌다고 여겨졌습니다. 그렇다면 이 말썽쟁이에다 말도 안 듣는 자궁을 제자리로 돌려놓으려면 어떻게 해야 할까요? 생식기인 자궁이 불만을 품는다면 이유는 단 한 가지 아니겠어요?

자고로 병이 있으면 치유법도 있는 법입니다. 그 치료법이 옳든 그르든 상관없이 말이죠. 그래서 고대부터 무려 20세기에 이르기까지 이른바 '여성 히스테리'라 불리던 병(?)의 치료법은 바로 성관계를 갖는 것이었습니다. 성관계로 아주 만족한 여성이 절정에 이른다면 당연히 행복해질 것이고 자궁도 만족해서 제자리로 돌아올 테니까요! 세상에나, 엄청나게 창의적인 치료법이네요! 이 놀라운 치료법과 더불어 임신을 하기 위해서는 여성이 오르가슴을 느껴야만 한다고 여기기도 하였으니 이 언니들, 꽤나 즐거운 시간을 보냈겠네요.

그래서 의사들은 젊은 미혼 여성들이 여성 히스테리에 걸려 자신을 찾아오면 서둘러 결혼을 하여 새신랑과 최대한 많은 성관계를 가질 것을 권유하였습니다. 그런데 문제가 있었으니 결혼을 했음에도 성관계가 영 만족스럽지 못한 부인이 있는가 하면 남편이 먼저 세상을 떠나버린 과부들도 있다는 것이었습니다. 이런 경우에는 치료를 위해 그네를 타거나 격한 승마를 하는 것을 추천하기도 했지만 많은 경우 여성을 대신해 의사나 산파가 손으로 성기를 마사지하여 성적인 절정을 맛볼 수 있게 해주기도 했습니다. 이러한 치료법은 무려 1세기, 고대 로마의 유명한 의학저술가인 켈수스(B. C. 30?~A. D. 45?)의 저서에도 등장하며 17세기의 질병 치료법을 소개하는 책에서도 찾아볼 수 있습니다.

> 이런 증상이 나타날 때에는 산파에게 도움을 청하는 것이 좋다고 생각한다. 그러면 산파는 생식기 안에 손가락을 하나 넣은 채로 백합, 연복초(muskroot), 크로커스 등의 기름을 이용하여 마사지한다. 이를 통해 여성은 발작 증세를 보이게 된다. 이와 같은 손가락을 사용한 치료는 갈레누스(2~3세기에 고대 그리스에서 활동한 의학자), 이븐 시나(10~11세기에 활동한 이슬람의 철학자이자 의학자) 등 여럿이 추천하는 방식이다. 특히 정숙한 삶을 살고 있는 과부들에게 효과가 좋으며 (중략) 아주 젊은 여성이나 매춘부, 기혼 여성에게는 덜 추천된다. 그런 환자들에게 더욱 좋은 치료법은 자신들의 배우자들과 성관계를 갖는 것이다. [주1]

영국을 역사상 두 번째로 오래 다스린 빅토리아 여왕은 남편인 앨버트 공과 함께 완벽한 가정의 모범을 보여주려 애썼다.

　　이처럼 여성 히스테리에 대한 치료는 유별난 것도, 놀라운 것도 아니었고 의사들이 아주 자주 마주치는 흔하디흔한 여성 질병 가운데 하나였습니다. 특히 예의를 무척 중시하고 여성을 집안의 천사로 그렸던 빅토리아 시대에는 여성들의 스트레스가 극에 달했는지 여성 히스테리 환자 수가 급증했죠. 여성에게는 성적 욕망이 없으며, 욕망이라곤 오로지 어머니가 되고 싶어 하는 욕망만 있다고 여겼던 빅토리아 시대의 의사들은 이러한 치료를 전혀 성적인 것으로 여기지 않았습니다. 성기를 마사지함으로써 여성이 발작 비슷한 증세를 보이거나 스트레스가 풀리는 것과 오르가슴을 연결시키는 의사는 매우 적었죠.

1844년 프랑스 의사인 아담 라시보르스키(Adam Raciborski)는 "4분의 3의 여성은 남성과의 관계를 그저 참아내는 정도에 그친다."라고 하였으며 1882년 찰스 테일러(Charles Taylor)는 "여성은 남성보다 성에 대한 감정이 적으며 성욕이라고 이해될 만한 것은 없다."고 했다. [주2]

여성들 역시 늘 조신하라는 이야기를 듣고 자라서일지는 모르겠으나 굳이 남성 의사들에게 "이 치료가 나에게 절정을 가져다줘요!"라는 말은 입 밖에 내지 않았고, 다만 이 치료는 조용히 인기가 아주아주 높았습니다. 19세기 중엽이 되자 꾀병인지 진짜 아픈 것인지 알 수가 없는 이 여인네들의 히스테리 증세에 의사와 산파들의 손목은 남아나지 않을 지경이 되었고, 수많은 리조트들에서는 '히스테리를 치료하는 데 아주 효과가 좋은' 흐르는 따뜻한 물과 진동 마사지를 상품으로 내놓기 시작합니다.

"난 방금 친구의 집에서 나왔는데 친구 아내가 유별나게 증기 치료에 예민하단 말이야. 하지만 우리 둘만 있으니 하는 소린데, 나는 꾀병이 좀 의심되는 것이 친구의 아내가 유독 이 병에 시달릴 때는 남편한테 뭔가 원하는 것이 있을 때란 말이야. 난 모든 남편들이 여성 히스테리에 대해 공부를 좀 했으면 좋겠군." 의사들이

이런 환자들을 치료하는 것을 그다지 좋아하지 않았다는 것이 놀랍지도 않을 것입니다.[주3]

그런 와중인 1878년, 불쌍한 의사들과 산파들의 손목 건강을 위한 획기적인 발명품이 등장했으니 그것은 바로 전기로 구동되는 전동기, 즉 바이브레이터였습니다. 히스테리 환자들이 수차례 받는 치료는 시간도 오래 걸리고 의사들도 지치게 했지만 환자들 입장에서도 의사가 한 번 왔다 가면 왕진비 등 비용이 상당했기 때문에 바이브레이터는 그야말로 쌍방 모두에게 대대적인 환영을 받았습니다. 얼마 지나지 않아 건전지를 장착하여 소지가 간편해진(?) 바이브레이터는 가정에서 없어서는 안 될 필수 가전제품이 되었고 각종 카탈로그와 잡지에서는 바이브레이터를 필수 가전제품 목록에 올려 판매했습니다.

이쯤 되면 여러분은 이렇게 생각할지도 모르겠습니다. '아니, 그냥 자기가 알아서 해결하면 될 일을 왜 군이 번거롭게 의사나 산파를 불러서 마사지를 받은 것일까?' 하고 말이죠. 대답은 간단합니다. 오늘날에도 그런 면이 없다고 볼 수는 없으나 과거에는 남성과 여성 모두에게 '성적 자기 위로' 행위는 아주 끔찍하고도 충격적이며 감히 상상도 할 수 없는 행동으로 취급되었기 때문입니다. 남자아이들도 자신의 성기를 만지다가 들통 나면 호되게 야단을 맞고 매질을 당하고 벌을 받는 일이 무척 흔했으니 여자아이가 자신의 성기를 성적 쾌락을 위해 만지다가 들켰다간 생각보다 훨씬 잔혹한 일이 벌어지곤 했습니다.

1858년, 영국의 부인과 의사이자 런던의학협회 회장이기도 했던 아이작 베이커 브라운은 자신의 성기를 만지며 자기 위로를 하는 26살 여

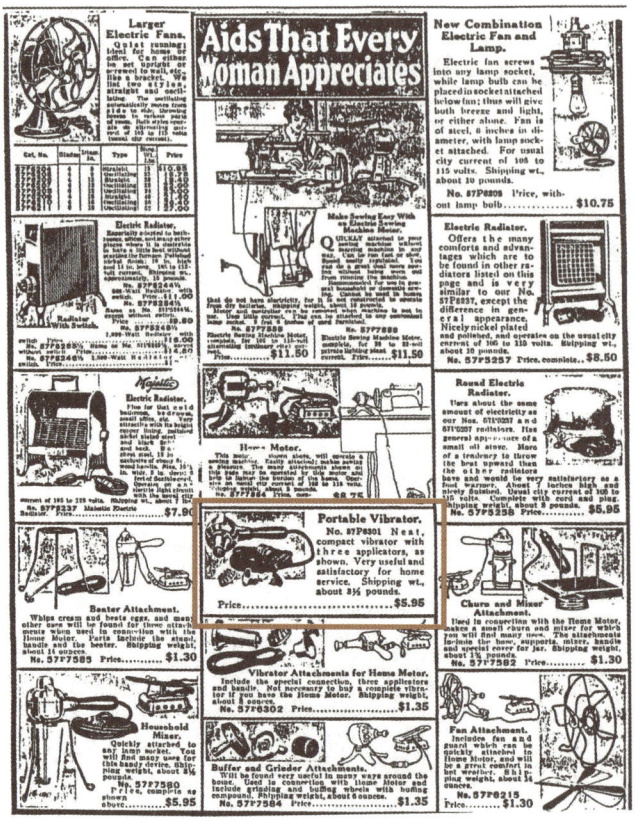

1918년 시어즈 카탈로그의 가전제품 섹션에 등장하는 바이브레이터. 가격이 무려 5.95달러로, 전기 발열기의 최저 가격과 동일하다.

성을 '치료'하기 위해 여성의 성기를 도려내는 수술을 처음으로 합니다. 여성의 신체 부위 중 쾌락만을 위해 존재하는 음핵을 도려내어 여성이 성적인 쾌감을 느낄 수 없도록 하는 음핵 절제술과 음핵을 포함, 소음순까지 도려내는 절제술은 이후 아이작 베이커 브라운에 의해서만 무려 7년이 넘는 세월 동안 행해졌습니다.

　브라운은 이 수술이 여성이 가진 '문제'들을 해결해준다고 굳게 믿었

1910년의 바이브레이터 신문광고. 전 동의자를 무료로 제공하고 있다.

고, 그랬기 때문에 여성 히스테리, 과도한 성욕, 강경증(조현병의 한 가지 유형인 긴장형 정신 증상의 하나. 외부로부터의 작용을 수동적으로 수용하여 일정한 자세를 취하게 되면, 무리한 자세를 취하더라도 그 자세를 자기 의사와는 관계없이 오랫동안 지속한다), 간질 등을 치료한다는 명목으로도 여러 차례 시행했습니다. 그 밖에도 10살밖에 안 된 소녀에게도, 눈병에 걸린 여성에게도 이 수술을 하는가 하면, 심지어 몇몇 여성이 1857년에 제정된 이혼법에 따라 이혼을 요구하려 들자 이들에게도 이 수술을 합니다. 브라운에게 있어서는 그야말로 여성을 고분고분하게 만드는 만병통치술이었던 셈이죠. 브라운의 이런 끔찍한 수술 방식은 영국 의사회에서 격렬한 논쟁거리가 되었습니다. 결론적으로 여성들에겐 참으로 다행스럽게도 영국에서 이러한 절제술은 금지되었고 브라운은 환자나 보호자의 동의 없이 수술을 했다는 혐의로 의사회에서 쫓겨나게 됩니다.

하지만 성기의 일부를 잘라내는 수술 자체가 아예 받아들여지지 않은 것은 아니었고, 수많은 것들이 새롭게 발견되고 발명되던 과학과 의

부인과 의사인 아이작 베이커 브라운.

학의 시대에 이를 맹신한 사람들은 사회적으로 문제시되는 모든 것을 수술로 해결하려 들었습니다. 때마침 당시에 정신병을 부르고, 몸과 영혼이 피폐해지며, 각종 질병의 주요 원인이라고 여겨졌던 남성의 자위를 막겠다는 이유로 유대교와 이슬람교에서 주로 시행되던 남성 할례가 영국 전역에 퍼져나갔고 그 후 미국으로, 그리고 미국의 영향을 받은 수많은 나라들로 퍼져나갔습니다.

최근에는 남자아이의 성기의 표피 일부를 잘라내는 수술, 즉 포경수술이 전혀 불필요하며 오히려 단점이 많다는 것이 알려지면서 잘 시행하고 있지 않지만 우리나라에서도 1990년대까지는 '고래 잡았다'와 같은 말을 누구나 '포경수술을 했다'는 말로 이해할 정도로 널리 퍼져 있었으니 1850년대 무렵 유럽에서 시작된 이 유행이 얼마나 오래가고 널리 퍼졌는지 알 수 있습니다.

남성 성기의 표피 부분을 잘라내는 남성 할례와 여성 성기의 음핵을 도려내고 심지어 질 입구를 아예 봉합해버리는 여성 할례는 오늘날까지도 많은 국가에서 자행되고 있습니다. 이러한 할례는 아주 어린 시절에 행해지는 일이 많아 당사자의 의사가 존중되지 않는 것도 큰 문제이지만 더 큰 문제가 있습니다. 많은 경우 할례가 굉장히 불결한 환경에서 소독도 하지 않은 비위생적인 기구를 사용하며 종교적, 사회적 이유와 관습에 따라 마취조차 하지 않고 행해지는 일이 빈번하기 때문에 수많은 어린 아이들이 통증과 감염으로 고통받거나 사망하고, 성인이 된 후에도 관련 질병으로 고통받는 일이 현대에도 여러 지역에서 빈번하게 일어나고 있다는 사실입니다. 때문에 여러 국제기구들에서는 할례를 막으려 노력하고 있으나 쉽지는 않을 것으로 보입니다.

이후로도 히스테리를 고치기 위한 남성 의사들의 시도는 끝없이 계속되었습니다. 정신분석학의 창시자인 지그문트 프로이트도, 프랑스의 신경병학자인 장 샤르코도 히스테리에 관심을 보였습니다. 장 샤르코는 여성들의 히스테리를 고치기 위해 최면술을 제안하기도 했죠.

> 샤르코는 히스테리, 특히 여성 히스테리 치료 전문이었고 가끔 그의 여성 환자들은, 유명인이 된 어거스틴처럼, 수없이 사진이 찍히고 샤르코의 공개 수업에서 그들의 히스테리를 '공연'했다. 어거스틴의 인생 이야기는 아동 학대의 이야기였다. 그녀는 13살의 나이에 그녀의 고용주이자 어머니의 애인으로부터 칼로 위협당하며 강간당한 뒤 히스테리 증상을 보였다고 했다. [주4]

현대 신경학의 창시자이자 심리 치료의 개척자이기도 했던 장 샤르코는 히스테리를 치료하기 위해 최면술을 도입했다.

불쌍한 의사들의 손목이 고통받았던 시절에서 약 반세기 정도가 흘러 20세기에 들어설 무렵, 프로이트는 장 샤르코로부터 최면술을 배웠지만 거기서 더 나아가 히스테리 치료에 힘쓰다가 '무의식'을 발견합니다. 오늘날 우리가 보기에는 너무나 당연한 '무의식'이 '발견'되었다는 것 자체가 놀라운 일이지만요! 프로이트는 과거에 겪었던 나쁜 경험, 특히 성적인 기억이 사람에게 영향을 미치며 이 기억들을 무의식으로 억압하면서 심리적 고통이 신체적 질환으로 드러난다고 주장했습니다. 그래서 정말로 고통받았던 사람들은 무의식을 의식으로 떠오르게 도와주는 치료를 통해 가슴을 꽉 틀어막고 있던 문제를 해결하고 편안해졌습니다. 거기서 더 나아가 프로이트는 정신의 3가지 요소인 이드 – 에고 – 슈퍼에고라든지 성적 충동 에너지인 리비도와 그 발달 단계 등의 이론을 펼치게 됩니다.

오늘날에는 19세 미만인 미성년자는 어떻게 생겼는지 확인할 수도 없는 '성인들의 장난감'인 바이브레이터가 사실은 사회가 요구하는 대로 행동하지 않는 여성들을 '치료'하기 위해 만들어진 것이라는 사실은 세상의 어느 것 하나도 역사와 연관되지 않은 것이 없음을 보여줍니다. 남성 중심 사회의 입맛에 맞춰 여성을 바꾸기 위해 만들어진 도구가 이제는 여성들의 즐거움을 위해 사용되고 있으니 시대가 변해도 참 많이 변했네요.

2. 공주는 스르르 잠이 들고

「잠자는 숲 속의 미녀」 원작 동화 「해, 달, 그리고 탈리아」

    동화가 시대를 초월하여 많은 이들에게 사랑받는 이유는 무엇일까요? 아마도 동화가 '동심의 대명사'로 여겨지기 때문이 아닐까 싶습니다. 어린 시절 잠들기 전, 머리맡에서 부모님이 다정하게 읽어주신 동화는 행복한 기억으로 남아 있지요. 그래서 우리는 「신데렐라」, 「백설 공주」, 「콩쥐팥쥐」, 「흥부와 놀부」, 「인어 공주」, 「빨간 모자」 등의 이야기들을 기억하고 또 그러한 동화는 사회에 영향을 미치곤 합니다. 그래서 우리는 드라마 속 가난한 여주인공이 재벌 2세와 결혼하면 '신데렐라'라고 부르고 새빨간 사과를 들고 있는 창백한 소녀를 보면 '백설 공주'를 떠올리고 누군가 숲에 간다고 하면 늑대를 조심하라며 '빨간 모자'를, 밤에 손톱을 깎으면 쥐가 먹고 둔갑할지도 모른다는 말들을 자연스럽게 입에 올리지요.

하지만 그런 동화들이 알고 보니 초창기에는 아주 잔혹하고 엽기적이었다더라, 하는 이야기는 많은 이들의 흥미를 불러일으킵니다. 때문에 사람들은 동화를 현대식으로 재해석하며 패러디를 쓰거나 '잔혹동화'라고 부르기도 합니다. 이처럼 패러디한 글들도 물론 재미있지만 오래된 동화일수록 원조가 궁금해지는 법! 그러니 이번 이야기에서는 원조를 찾아가봅시다. 바로 '잠자는 숲 속의 미녀'의 원조를 말이죠.

우리가 알고 있고 가장 친숙한 버전인 디즈니의 「잠자는 숲 속의 미녀」나 최근 동화책에 등장하는 버전으로 요약을 해보겠습니다. 디즈니에서 1959년 발표한 장편만화영화 「잠자는 숲 속의 미녀」에 등장한 오로라의 모습은 당시 미국인들이 생각하는 최고의 미인상이었다고 합니다. 황금을 녹여 한 올 한 올 빚은 듯 반짝반짝 빛나는 금발, 신비로운 보랏빛 눈동자, 백설 공주나 신데렐라보다 가느다란 V라인의 얼굴, 티 하나 없는 뽀얀 피부, 그리고 '붉디 붉은 장미를 부끄럽게 할' 입술까지, 그야말로 완벽한 미녀의 모습이지요. 그런 공주님에게 일어난 일에 대해 요즘 동화책들은 대체로 다음과 같이 이야기하고 있습니다.

옛날 옛날 아주 먼 옛날, 어느 왕국에 아름다운 공주님이 태어났어요. 온 나라의 요정들이 모두 아이의 탄생을 축하하기 위해 모였죠. 모든 요정들이 나름의 축복을 내리고 한 명의 요정이 남았을 때 마녀가 나타났어요. "감히 날 초대하지 않다니!" 초대받지 못해 화가 난 마녀는 공주에게 무시무시한 저주를 내렸어요(이래서 따돌림은 좋지 않아요). 공주가 16살이 되면 물레 바늘에 찔려 죽을 것이라는 저주였죠. 왕과 왕비가 슬퍼하자 그 모습을 보고 몰래 숨어 있던 마지막 요정이 자신의 마법으로 축복을 내리는 대신 저주를 바꾸었어요. 마녀만큼 힘이 세지 못해 저주를 없애버릴 수는 없었지만 죽는 대신 100년 동안 잠이 들게 한 것이었죠. 그렇게 공주는 100년 동안 잠이 들었고(성 안의 사람들도 모두 함께 잠드는 버전도 있습니다) 성은 버림받아 그 앞에는 무성한 가시덩굴과 숲이 자라났지요. 100여 년이 지난 어느 날, 성을 지나가던 왕자는 호기심에 성 안으로 들어오고 100년 동안 잠들어 있던 공주에게 키스를 합니다. 왕자의 키스에 잠이 깬 공주랑 왕자는 아주 행복하게 오래오래 살았습니다.

너무나 익숙한 이야기죠? 공주라고 하면 머릿속에 떠오르는 '저주에 걸린 공주님'이라든지 '공주님을 구하는 왕자님' 같은 낭만적인 이미지로 가득한 이 이야기는 생각보다 역사가 상당히 오래된 동화입니다. 그리고 원작에 가까워질수록 현대인의 눈으로 보기에는 충격적이기 그지없어지지요. 그럼 오래된 원작 속으로 들어가봅시다.

저주를 받아 잠에 빠진 여성을 남성이 발견하고 어떤 방식으로든 여성이 깨어난다는 이야기는 최소 700년의 역사를 자랑합니다. 더 오래되었다고 주장하는 사람은 이 이야기가 그리스 신화에서부터 내려왔다고 하기도 합니다. 구전으로는 언제부터 시작되었는지 아무래도 알 수 없으나 '잠자는 숲 속의 미녀'가 책에서 발견된 것은 현재까지는 14세기 무렵으로 알려져 있습니다. 카탈루냐 소설 「프레이르 드 조이와 소르 드 플라제르*Frayre de Joy et Sor de Plaser*」와 프랑스의 산문 연애담인 「퍼스포리스트*Perceforest*」(1340) 시리즈의 3권에 '잠자는 숲 속의 미녀' 이야기

라파엘 전파의 화가인 에드워드 번 존스가 그린 「잠자는 숲 속의 미녀」(1890년 무렵). 잠이 든 공주를 깨울 수 있는 것은 '진실된 사랑의 입맞춤' 뿐일까?

비슷한 내용이 등장합니다. 아름다운 소녀가 저주를 받아 잠에 빠지고 한 청년이 그녀를 발견하는데……. 아름다운 장면을 상상하셨을 분들껜 충격적이게도, 그는 소녀를 겁탈합니다. 소녀는 잠이 든 상태에서 아들을 낳고, 어린 아들이 젖을 빨자 잠에서 깨어나죠. 어릴 적 부모님이 동화책 읽어주셨을 때의 그 동심, 와장창 깨지는 소리가 들려오는 것 같네요. 이후 다시 '잠자는 숲 속의 미녀'가 등장한 것은 17세기 초반으로, 이탈리아 시인 잠바티스타 바실레(Giambattista Basile)가 1634~1636년에 출간한 이야기에 실려 있습니다. 이 원작의 제목은 '잠자는 미녀' 나 '잠자는 숲 속의 공주'가 아닌 「해, 달, 그리고 탈리아(Sole, Luna e Talia)」입니다. 여기에는 소녀가 잠드는 것뿐만 아니라 여성 라이벌이 등장하고 소녀가 깨어난 뒤 어떤 삶을 살았는지에 대해서도 자세히 실려 있습니다.

19세기 말 독일 화가인 알렉산더 지크가 그린 '잠자는 숲 속의 마녀'. 정해진 운명은 아무리 발버둥쳐도 피할 수 없는 것이었을까? 딸을 지키려는 아버지의 모든 노력에도 공주는 결국 바늘에 상처를 입고야 말았다.

옛날 옛날 아주 먼 옛날, 한 위대한 귀족이 살았습니다. 그에게는 곧 딸이 생겼고 딸의 이름을 탈리아라고 지었습니다. 아버지는 지혜로운 현자들과 천문학자들에게 딸아이의 미래를 알아보았습니다. 오래오래 고민하던 그들은 탈리아가 곧 아마풀 가시에 찔려 아주 큰 위험에 처하게 될 것이라 말했습니다. 그래서 딸을 위해 아버지는 아마풀처럼 옷감이나 실을 만들 수 있는 것들을 모조리 치워버렸죠(아마풀로는 리넨을 만들 수 있답니다).

탈리아는 아주 아름다운 아가씨로 자라났습니다. 어느 날 창밖을 바라보던 탈리아는 한 노파가 물레를 돌리는 것을 보게 됐죠. 태어나서 물레라는 것을 처음 본 탈리아는 물레를 만졌고 이때 아마풀 가시가 손톱 밑에 박혀버렸습니다. 그와 동시에 탈리아는 그 자리에서 쓰러져 죽어버렸죠. 이를 보고 깜짝 놀란 노파는 지금까지도 도망 다니고 있답니다.

딸의 죽음을 전해들은 아버지는 깊은 슬픔에 빠졌고 딸의 시신을 가져다 자신의 웅장한 성의 수많은 방 중 하나에 두었습니다. 그리고 아무도 그 문을 다시 열지 않았죠. 한참의 시간이 흐르고 어느 왕이 사냥을 하러 다니다가 그 성을 지나가게 되었습니다. 왕의 사냥매가 성의 창문으로 날아 들어갔으나 아무리 불러도 나오지 않자 왕과 수행원들은 성문을 두드렸습니다. 물론 아무도 대꾸하지 않았고 왕은 자신의 매를 찾기 위해 사다리를 타고 창문을 통해 성으로 들어갔습니다. 이곳저곳을 모두 둘러봐도 살아 있는 사람은 단 하나도 보이지 않았습니다. 여기저기 돌아다니던 왕은 탈리아를 발견했습니다.

영국의 계관 시인인 앨프리드 테니슨의 시 「잠자는 미녀」(1830)에 삽입된 삽화. 테니슨은 이렇게 읊었다. "공주는 잠을 자지도, 꿈을 꾸지도 않네, 그저 존재할 뿐 / 완전한 휴식 속, 무결한 모습으로."

왕은 비단 연단 아래 벨벳 왕좌에 누워 잠이 든 그녀에게 다가갔습니다. 그는 그녀를 불렀지만 탈리아는 의식이 없어보였습니다. 탈리아의 많은 매력을 응시하다가 그는 갑자기 피가 핏줄 속에서 끓어오르는 것을 느꼈습니다. 왕은 탈리아를 안아들고 침대로 데려가 그녀가 계속 자는 동안 '사랑의 첫 열매를 맺었습니다'(사랑의 열매고 자시고 단순명료하게 말하자면 잠들어 있는 탈리아를 강간했다는 구절입니다). 일을 끝내고 난 뒤에 그는 그녀를 그대로 버려두고 자기의 왕국으로 돌아갔습니다. 왕국에는 할 일이 너무 많았기 때문에 이 일에 대해서는 더 생각하지 않았습니다.

9개월이 지나고 탈리아는 여전히 죽지도 깨지도 않은 상태로 예쁜 쌍둥이를 낳았습니다. 아이들은 무척 사랑스러웠고 두 요정이 아이들을 돌보아주며 엄마의 젖을 물려주고는 했습니다. 무럭무럭 자라던 아이들은 어느 날 엄마의 젖을 찾다가 실수로 손가락을 쪽쪽 빨게 되었고 아마풀 가시가 손에서 빠지자 탈리아는 아주 긴 잠에서 깨어났습니다. 탈리아는 옆에 아기들이 있는 것을 보고 두 아이를 끌어안고 젖을 물렸습니다. 그리고 아이들은 그 무엇보다 소중한 존재가 되었죠(자기 자식이 왜 생겼는지도 모르면서 말이죠). 탈리아가 깨어나자 옆에 있던 식탁에는 음식과 음료가 한가득 생겨났습니다. 한편, 왕은 어느 날 갑자기 탈리아가 생각났습니다. 그래서 다시 사냥을 가겠다고 선언하고는 탈리아가 있던 성으로 왔죠. 그리곤 탈리아가 깨어 있을 뿐만 아니라 옆에 어여쁜 두 아이가 있는 것을 보았습니다. 왕은 무척 기뻐했죠. 왕은 그 자리에서 탈리아에게 자기가 누군지, 어떻게 탈리아를 알게 됐는지 그리고 무슨 일이 있었는지를 말해주었습니다. 그리고 그때부터 그들의 우정은 아주 강력해졌습니다(뭔 말도 안 되는 소리야 싶으신가요? 현대인의 눈으로 이해하려고 하면 더더욱 혼란스러워질 뿐입니다). 왕은 며칠간 탈리아와 머물며 사랑을 나누었고 떠나면서 곧 자신이 돌아와 그녀를 왕국으로 데리고 가겠노라 약속했습니다.

이번에 왕국으로 돌아간 왕은 탈리아와 해와 달밖에는 생각나는 것이 없었습니다. '해'와 '달'은 두 아이의 이름이었어요. 이제는 왕비가 (네, 강간범이 심지어 유부남입니다) 뭔가를 수상하게 여기기 시작했죠. 왕이 사냥에서 늦게 올 뿐만 아니라 누가 봐도 여자 이름인 탈리아를 계속 중얼거리니 수상하게 여길 만도 하죠. 그래서 신하를 보내 무슨 일이 있는지 조사를 하게 했고 무슨 일이 있었는지를 알게 되었습니다. 왕비는 분노했죠.

왕비는 부하들을 탈리아에게 보냈고 왕의 명령으로 아이들을 데리러 왔다고 했습니다. 탈리아는 기쁜 마음으로 아이들을 보냈고 아이들을 본 왕비는 두 아이를 죽여서 요리하여 왕에게 줘야겠다고 생각합니다. 하지만 착한 마음을 가진 요리사는 (사실 굳이 천사처럼 착하지 않아도 평범한 사람이라면 어린애를 죽여서 요리할 생각이 들진 않겠죠) 차마 아가들을 죽여 요리할 수 없었고 아가들을 자기 집에 숨긴 뒤 양 두 마리를 100여 가지 요리로 만들어냈습니다.

왕비는 왕에게 요리를 대접했고 왕은 아주 맛있게 먹으며 요리를 칭찬했습니다. 그러자 왕비는 대답했죠.

"드세요, 드세요, 당신의 것을 드시고 있으니까요."

왕은 왕비가 무슨 이야기를 하는 것인지 몰랐습니다. 왕비는 그래도 여전히 만족하지 않고 탈리아에게 왕이 보고 싶어 하니 궁으로 오라는 명령을 보냈습니다. 탈리아는 아주 기쁘게, 자신의 빛과 기쁨인 왕을 보고 싶은 마음에 달려갔습니다. 탈리아를 보고 속에서 천불이 난 왕비는 소리쳤습니다.

"어서 오라! 네가 바로 내 남편과 즐긴 더러운 것이구나. 내 머리를 어지럽게 한 잔인한 암캐야. 지금이라도 마음을 바꾸지 않으면 지옥에 떨어지리라."

탈리아는 이 말을 듣고 재빨리 자신을 변명하기 시작했습니다. 자기가 잠들어 있을 때 왕이 덮친 것이라면서 말이지요. 하지만 왕비는 들은 척도 하지 않고 왕궁 한가운데에 커다랗게 타오르는 불구덩이를 만든 후 탈리아를 불에 던져버리려 했습니다. 탈리아는 당황하여 최소한 옷이라도 벗을 수 있게 해달라고 사정하였습니다. 왕비는 탈리아의 옷이 금은보석으로 장식된 것을 보고 보석을 가지기 위해 그러라 하였죠. 탈리아는 옷을 한 겹씩 벗으면서 비명을 질러댔습니다. 마지막으로 남은 옷을 벗을 때는 지금까지보다 훨씬 큰 소리로 비명을 질렀죠.

이게 무슨 비명인가 싶어서 나와본 왕은 기겁을 했습니다. 그리곤 아이들이 어디에 있느냐고 물었죠. 왕비가 "모두 네 밥으로 줬다!"라고 하자 절망에 빠진 왕은 왕비와 왕비의 명을 따른 신하를 모두 불구덩이에 던져버렸습니다. 그리곤 요리사도 던져버리려 했으나 요리사는 왕의 앞에 무릎을 꿇고 아이들이 살아 있다고 말했죠. 왕은 무척 기뻐했고 요리사에게 많은 재물을 주었습니다.

탈리아와 왕은 결혼했고 두 아이와 함께 아주 행복하게 잘 먹고 잘 살았습니다. 이로써 우리는 '운이 좋은 이는 잠들어 있을 때도 행운이 찾아간다'라는 속담이 사실임을 알 수 있지요. [주5]

이것이 많은 각색을 거친 후에 오늘날 우리가 알고 있는 「잠자는 숲 속의 미녀」가 되는 「해, 달, 그리고 탈리아」를 정리한 내용입니다. 맨 마지막에 쓰인 속담도 원작에 포함되어 있으니, 남자가 잠자고 있는 여성을 성폭행해서 피해자는 누군지도 모르는 사람의 자식을 잠든 채로 낳고 강간범이 심지어 유부남이어서 가해자의 부인이 매우 분노하였는데 그 부인은 남편에 의해 산 채로 불에 태워지고 피해자는 강간범이랑 결혼하게 된 것이 행운이라는 이야기네요.

이 이야기는 세월이 지나면서 너무 잔인하고 비상식적이라는 생각이 들었는지 책이 출간된 지 60년쯤 지난 1697년에 프랑스의 유명한 동화 작가인 샤를 페로(Charles Perrault)가 쓴 「잠자는 숲 속의 미녀 La Belle au bois dormant」에서 그나마 현대적인 동화 느낌으로 탈바꿈합니다.

샤를 페로의 동화에서 바뀐 점들을 보면, 우선 아이가 없던 왕과 왕비에게 아이가 태어나며 모든 요정들이 왕국으로 옵니다. 여기선 7명이네요. 그런데 1명을 초대하지 않았죠. 초대하지 않은 이유가 이해 안 되는 것은 아니에요. 50년 동안 아무 소식이 없었기 때문에 다들 죽은 줄 알았거든요. 초대받지 못해서 왕이 요정들에게 주는 선물도 받지 못한 요정은 아이에게 저주를 내렸고 숨어 있던 다른 요정이 나와서 100년 동안 잠에 빠져들게 합니다.

그러다가 이제 물레 바늘을 다 없애도 결국 공주는 깊은 잠에 빠지게 됩니다. 이 이야기를 들은 요정은 단숨에 날아와 공주를 위해 성 안의

라파엘 전파에 속하는 영국 화가 헨리 메이넬 림이 그린 「잠자는 숲 속의 미녀」(1899).

모든 사람들을 100년 동안의 잠에 동참하게 만듭니다. 심지어 개나 말들까지 잠이 들지요. 출근한 아버지가 100년 동안 안 돌아오게 되겠군요. 이제 성은 가시덩굴에 휩싸였지만 호기심 많은 왕자가 성 안에 세상에서 가장 아름다운 공주가 왕자를 기다리며 잠들어 있다는 얘기를 듣습니다. '왕자라니! 내가 바로 왕자잖아!' 결국 원작과 달리 이번 버전에서는 성폭행과 유부남 왕자가 삭제되고 공주를 키스로 깨우게 되죠. 깨어난 공주는 왕자를 보고 기뻐하고 둘은 사랑에 빠집니다.

그와 함께 성 안의 다른 사람들이 다 깨어난 장면을 묘사하며 샤를 페로는 유머를 가미하기도 했는데요. '모두가 사랑에 빠진 것은 아니었기 때문에 다들 배가 고파 죽을 지경이었다.', '공주는 마치 왕자의 증조모처럼 옷을 입고 있었지만 왕자는 별 말을 하지 않기로 했다.' 같은

'마법에 걸려 잠이 든 공주와 궁정 사람들'이라는 소재는 많은 화가들의 상상력을 자극했고 멋진 그림들로 재탄생했다. 그림은 러시아 화가 빅토르 바스네초프(1848~1926)가 그린 「잠자는 숲 속의 공주」.

구절이 있답니다. 아무튼 사람들은 100년 만에 배가 터지도록 밥을 먹고 다들 기뻐하며 왕자와 공주는 행복하게 결혼을 했습니다.

여기까지는 참 좋은데요…….

집에 돌아간 왕자는 길을 잃었었다며 부모님께 거짓말을 합니다. 왕은 아들을 믿지만 왕비는 아들이 사냥만 나갔다 하면 며칠 만에야 돌아오니 '여자가 있는 것 아니냐'며 수상해합니다. 역시 예나 지금이나 엄마는 속일 수가 없군요!
그러는 사이 왕자와 공주는 애들을 둘 낳지요. 딸은 모닝, 아들은 데이라고 이름을 지었습니다. 왕자의 어머니인 왕비는 사람을 잡아먹는 오거 족의 자손이었는데 어린애들을 먹는 걸 좋아했기 때문에 왕자는 왕비에게 아이들이 있다는 걸 말해줄 수 없었습니다. 하지만 몇 년 뒤 왕이 사망하자 왕자는 공주와 아이들을 데리고 왕국으로 돌아와 왕이 되었습니다. 공주는 왕비가 되고 아이들은 공주와 왕자가 되었죠.
그리고 얼마 뒤 왕이 된 왕자는 이웃 나라에 갈 일이 생겼습니다. 그래서 이제는 대비가 된 어머니에게 자기 부인과 아이들을 맡겼습니다. 하지만 어린아이만 보면 먹고 싶어지는 대비는 며칠 뒤 요리사에게 "오늘은 그 작은 모닝이를 잡아먹어야겠다."라고 말했습니다. 요리사는 기겁을 했지만 대비의 명을 거역할 수 없었기에 아이의 방으로 갔습니다. 아이는 요리사를 보고 신이나 폴짝폴짝 뛰면서 사탕을 달라고 졸랐고 요리사는 죄책감에 울다가 양을 잡아 대비에게 주고는 모닝을 자기 부인에게 맡겼습니다.

샤를 페로의 동화 「잠자는 숲 속의 미녀」에 삽입된 귀스타프 도레의 삽화.

8일이 지나자 대비는 말했습니다. "오늘은 조그마한 데이를 잡아먹어야겠다!" 까짓것, 한 번 한 일, 두 번은 못 하겠냐 싶었는지 요리사는 똑같이 양을 잡아 대비에게 주었습니다. 여기까진 다 좋았는데 하루는 대비가 말했습니다.

"오늘은 며느리를 잡아먹어야겠다."

요리사는 고민에 빠졌습니다. 왕비님을 죽이고 싶지는 않았지만 올해로 20살인데 100년을 잤으니까 120살의 고기 맛이 나는 짐승이 뭐가 있을지 알 수가 없었던 요리사는 결국 에라, 나부터 살고 보자 싶어 왕비를 죽이러 갔습니다. 대신 깜짝 놀래키지는 않은 채로 왕비에게 대비가 뭐라고 명령했는지를 말했죠. 자기 자식들이 다 죽었다고 생각한 왕비는 아이들을 보러 가야겠으니 자기를 죽이라고 했지만 죄책감에 휩싸인 요리사는 사실대로 털어놓았습니다. 결국 왕비까지 자기 집에 숨긴 요리사는 암사슴을 잡아 대비에게 바쳤죠.

아주 만족한 대비는 좋아했지만 며칠 뒤 맛난 고기를 찾아 성을 샅샅이 뒤지다가 왕비와 데이와 모닝이 얘기하는 소리를 듣게 됩니다(양과 암사슴만 먹어도 만족할 수 있다면 왜 굳이 손자, 손녀, 며느리를 잡아먹으려는 것인지는 모르겠지만 동화에서 논리를 찾으려 하면 안 되겠죠). 속았다는 생각에 화가 난 대비는 곧 두꺼비와 각종 독사가 가득한 욕조에 모두를 던져 넣으라고 명령합니다.

대비의 명령에 왕비와 아이들이 벌벌 떨고 있는 와중에 생각보다 빨리 왕이 돌아왔고 상황을 보고 기겁한 왕은 이게 도대체 무슨 일이냐 물었습니다. 아무도 대답하지 못하고 있을 때 자기 분에 못 이긴 대비는 독사로 가득한 욕조에 몸을 던져 그 자리에서 죽어버렸답니다. 왕은 아주 슬펐지만 부인과 아이들을 보고 곧 기운을 차렸다고 합니다.

자꾸 사람이 죽어나가는 것만 제외하면 연인의 러브 스토리는 아까 이야기보다 좀 더 정상적이긴 한데 그래도 뭔가 찝찝하죠? 그래서 우리가 알고 있는 버전에 제일 가까운 것은 그림 형제가 쓴 「브라이어 로즈 *Briar Rose*」에 등장합니다. 여기선 소소한 부분을 빼고는 우리가 알고 있는 이야기와 거의 같고, 그냥 '잠에서 깨어나 왕자와 사랑에 빠져 둘은 결혼해서 행복하게 오래오래 살았다'라고 끝나게 되지요. 여기선 공주 이름이 브라이어 로즈이고 오로라라는 이름은 디즈니 버전에서 등장한답니다. 디즈니 버전에서도 오로라가 평민인 척 숨어서 살 때는 브라이어 로즈라는 이름을 사용합니다.

 이런 식으로 우리가 알고 있는 유명한 동화들은 대부분 요즘 시선으로 보면 기겁할 만한 원작들을 가지고 있지만 나름대로 상징성도 가지고 있답니다. 옛날 사람들의 생각이나 문화를 간접적으로 느낄 수 있어 더욱 흥미롭고 재미나지요. 동화라는 건 그 오래된 역사와 배경 등에서 오는 묘한 매력이 있어서 다시 봐도, 몇 번을 봐도 흥미롭기 그지없습니다. 이 책에 등장하는 다른 동화가 궁금하시다면 127쪽 「빨간 모자」 이야기로 넘어가보세요!

3. 위풍당당, 나는 남자랍니다

중세 유럽 남성들의 민망한 패션 아이템, 코드피스 이야기

　역사 속 의상이나 장신구들을 보다보면 오늘날 우리가 보기에도 정말 예쁘고 화려한 것도 있지만 참으로 해괴망측한 것들도 있습니다. 보기에는 호화롭고 아름답지만 여인네들의 목을 댕강 부러뜨리고는 했다는 가채라던가 앙증맞은 발을 위해 뼈를 부러뜨리고 발을 동여맨 전족처럼 예뻐지기 위한 여자들의 노력은 정말 끝이 없었죠. 그렇다면 남자들은 어떨까요? 남자들이라고 하여 멋지고 눈에 띄고 싶은 욕구가 없는 것은 결코 아니었습니다. 남자들에게도 목숨을 앗아가는 빳빳한 칼라가 있는가 하면 이번에 이야기할 민망스럽게도 위풍당당한 '뽕'도 있었습니다.

　우리가 이번에 볼 패션의 이름은 바로 코드피스(codpiece, 샅보대)입니다. 코드피스가 무엇이냐 하신다면 수많은 초상화들을 보면서도 무심

코드피스를 찾아보자. 그렇다, 민망하게 눈에 띄는 그것이다.

코 지나친 바로 그것, 남성의 소중하고도 사적인 (그리고 계속 사적으로 남아 있으면 참 좋았을 법한) 부분을 매우 강조하는 패션 아이템입니다.

그래요. 위 그림에서 눈에 띄는 바로 그것을 말하는 것입니다. 그렇다면 우리가 생각하기에는 그토록 예의를 챙기고 보수적이었을 것 같은 옛날 옛날에 어쩌다가 이런 패션이 유행하게 되었던 것일까요? 일단 오늘날 우리가 갖고 있는 옷, 특히 바지에 대한 개념을 조금 다르게 해 볼 필요가 있습니다. 지금 우리는 바지라면 당연히 허리에서 시작해서 사타구니에서 연결되고 발목에서 끝나는 의복을 생각하지요. 하지만 바지가 남성의 의복이 아니었고 남자도 여자도 스타킹을 신었던 시절, 우리가 보면서 바지라고 생각하는 것은 사실 아주 긴 양말과도 같은 것이었습니다.

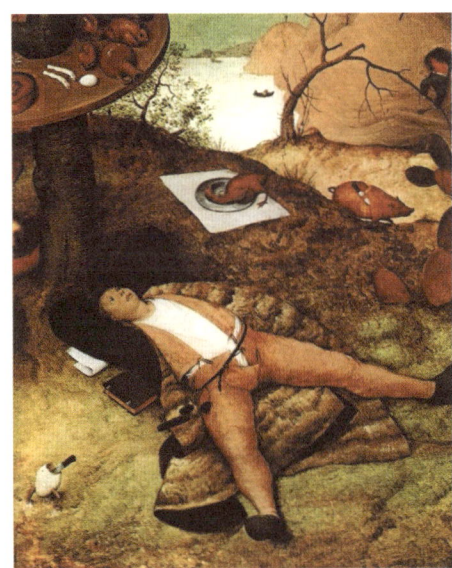

바지를 자세히 보면 오늘날의 바지와는 다르게 생겼음을 알 수 있다.

위 그림을 잘 봐주세요. 남자가 입은 하의의 허리 부분을 자세히 보시면 마치 지퍼가 열린 것처럼 가운데가 비어 있죠? 그 부분이 떨어져 있어서 오른다리용 따로, 왼다리용 따로 입고는 가운데의 소중한 부분을 가리기 위한 천을 하나 덧대어둔 것입니다. 14세기 말부터 등장하기 시작한 이것이 코드피스입니다. 지퍼가 아직 발명되지 않았던 옛날에는 가운데 부분을 꿰매지 않고 끈이나 단추 등을 이용해 고정시켜두었습니다. 이런 바지도 나름의 장점은 있어서 소변을 보거나 할 때 아주 편리했다고 합니다.

그런데 이 중간에 가리는 천이 위치가 위치인지라 남성들이 입다보면 약간 튀어나올 수밖에 없었는데 이게 참 민망하게도 누구는 약간 튀어나오고 누구는 많이 튀어나오다보니 남자들 사이에서 자존심 대결이

위풍당당한 신성로마제국의 황제, 카를 5세.

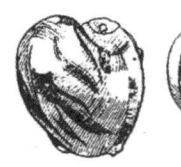  

금속으로 만든 16세기의 코드피스. 도대체 왜 얼굴을 조각해놓았던 것일까?

시작됩니다. 처음에는 코드피스 속의 소중한 부분을 더욱 보호하기 위해서 얇은 패딩을 넣은 정도였는데 시간이 갈수록 그 안에 들어가는 것들이 많아지게 됩니다. 솜에서 시작해서 쇠로 만든 장식에 이르기까지 코드피스의 발전은 끝이 없었습니다.

과거에는 남자들도 발목까지 내려오는 아주 긴 로브를 입곤 했는데요. 그런 로브가 점점 짧아져서 허리까지 올라오고 호즈(hose)라는 아주 긴 양말 같은 것에 손바닥 만한 천으로 소중한 부위를 가리다보니 당시 성직자들은 아주 걱정이 많았다고 합니다.

바로 얼마 전인 20세기에도 여자들의 치마가 짧아져 발목이 보이는 것에 그런 것을 상상의 여지도 없이 보여줘버리면 큰일 난다느니, 여자들이 도덕성을 잃고 있다느니 했던 것처럼 남자들을 보고도 부모들은 '아들들에게 저런 야하고 천박한 옷을 입게 하다니, 남자들을 전부 매춘부로 만들고 있다'는 반응이 튀어나왔습니다.

하지만 그러거나 말거나 패션이란 앞으로 앞으로, 힘차게 나아가는 것이죠. 게다가 코드피스는 심지어 '자신감 넘치는 젊은 청년'의 상징이었습니다. 남성적이고 섹시하고 당차고 연인관계에서도 리드하는 존재라는 상징이었죠. 세상이 무너져도 남자들이 좋아할 수밖에 없는

나라를 지키는 건강한 젊은 병사의 당당한 자세가 눈에 띈다.

튜더 가문의 상남자, 헨리 8세의 초상화. 예전에는 보이지 않고 무심히 지나쳤던 그곳이 보이는가?

아이템이었던 것입니다. 특히나 남성성이 강하고 잘난 척하고 과시하기 좋아하던 튜더 가문의 상남자, 헨리 8세가 이 코드피스에 아주 환장을 했습니다.

물론 헨리 8세만 그랬던 것이 아니라 전 유럽의 남자들이 너도 나도 코드피스를 입기 시작했죠. 일단 옆의 초상화를 한번 볼까요? 아무튼 부담스럽기 그지없네요. 보시다시피 코드피스는 단순히 속옷으로의 역할을 수행한 것이 아니라 점점 더 크고 화려하게 장식되기 시작합니다. 옆의 초상화는 그 정도까지는 아니지만, 나중에는 보석을 붙이고 수

이탈리아 화가 지롤라모 프란체스코 마리아 마졸라가 1535~1538년 무렵에 그린 산 세콘도의 백작 피에르 마리아 로시의 초상.

에드워드 왕자. 이런 좋은 것은 귀하디 귀한 아들내미도 입혀주는 것이다.

를 놓아 더욱 눈에 띄도록 만들기도 했습니다.

　최대한 더 크게 보이도록 하기 위해서 나중에는 코드피스 안의 빈 공간을 활용하려고 주머니를 달았고 그 안에 음식(누구 먹으라고 음식을 거기다가……), 보석, 열쇠, 손수건(레이디의 눈물을 닦아주던 손수건이 혹시 코드피스 안에서 나온 것이었을까요?), 심지어 무기(!)까지 넣어 다녔습니다. 보석을 넣어 다니다보니 코드피스의 별명이 이중적인(!) 의미로 '가족의 보석'이라고 불리기도 했죠.

　중요한 점은 남성의 이런 남성성 자랑이나 생식기 크기 자랑이 일반적인 예상과는 달리 여성들의 관심을 갈구하기 위한 것이 아니었다는 거랍니다. 주변의 다른 남자들에게 '내가 이렇게나 대단한(?) 남자고 이 구역은 내 구역이다!'라는 느낌을 전달하려 한 것이라 하니 여기가

훗날 이탈리아 파르마의 공작이 될 10살 무렵의 파르네제. 이처럼 코드피스는 나이와 지역에 상관없이 당시 유럽의 모든 남성들 사이에서 유행했다.

독일 화가 게오르그 펜츠의 「앉아 있는 청년」(1544).

갑옷의 일부로서 섬세하게 장식된 고급스러운 코드피스의 당당함.

바로 동물의 왕국이군요. 자신의 권력과, 남성성과, 지위를 코드피스를 통해 드러내고 있는 것이라고 하는데 오늘날 우리 상식으로 이해하기에는 조금 무리가 있을 수 있겠지요.

 단순히 집안의 재산 취급을 받는 여자와 집안의 희망, 빛, 보물 취급을 받는 자신들이 여자와 다른 가장 특징적인 차이점을 대놓고 보여주는 것이니, 쉽게 생각하자면 과거 남아선호사상이 가득할 때 아들들의 백일 사진은 팬티까지 다 벗겨놓고 찍으며 뿌듯해하던 것과 비슷하다고 보시면 될 것 같습니다. 의복의 너무나 당연한 일부분으로 받아들여진 코드피스는 심지어 위의 사진에서 보듯이 갑옷에까지 섬세하게 장식되어 등장합니다.

 코드피스는 당시에 만연하던 매독이나 성병을 고치는 데도 사용되었습니다. 성기에 통을 달고 다녀도 아무도 이상하게 생각하지 않다보니 그 안에 고통을 가라앉히거나 가려움증을 없애는 약을 담아서 넣고 다녔던 것이죠.

1560년대에 그려진 로버트 더들리의 초상. 헨리 8세와 비교해보면 목에 레이스 칼라가 늘어나고 코드피스는 크기가 줄어들었음을 볼 수 있다(왼쪽). 1577년에 그려진 그림. 이제 코드피스는 보이지 않고 목의 칼라가 부담스러워지기 시작한다(오른쪽).

프랑스 왕 샤를 9세의 1566년 초상. 여기서는 코드피스가 숨바꼭질을 하고 있는 듯하다(왼쪽). 영국의 찰스 1세의 왕자 시절인 1612년에 그려진 그림. 17세기에 접어드니 코드피스는 온데간데없고 칼라는 거대해졌으며 색상 또한 아주 화려해졌다(오른쪽).

이렇게 15~16세기 남자라면 어린 아이부터 노인까지 평민에서 귀족까지 누구나 다 하고 다녔던 코드피스는 세월이 지나면서 점차 사라지기 시작합니다. 영국에서는 호전적이고 남성적인 왕, 헨리 8세 때 대대적으로 유행하다가 처녀왕 엘리자베스 1세가 통치하기 시작하면서 자연스럽게 자취를 감추게 되었습니다. 옆의 그림들에서 보이듯이 이후에 유행한 남성의 패션을 보면 오늘날 우리가 보기에는 다들 여성스러워지기 시작했답니다.

그렇게 한 시대를 풍미했던 코드피스는 점차 사라져갔고, 이제는 더 이상 찾아볼 수 없지만 현재까지도 여러 가지 의미로 코드피스는 계속 사용되고 있습니다. 돌고 도는 것이 패션이라는데 어쩌면 언젠가는 코드피스도 우리 곁으로 돌아오려나요?

4. 파리의 뒷골목에서 왕의 침실까지

프랑스 최후의 애첩, 마담 뒤 바리

    한때 소녀들의 마음을 뒤흔들었던 만화 「베르사유의 장미」에는 주인공인 마리 앙투아네트를 질시하던 아름다운 악녀가 등장했습니다. 마리 앙투아네트를 '빨간 머리 계집애'라고 멸시하며 자신의 화려한 미모를 뽐내던 이 여인의 이름은 마담 뒤 바리(Madame Du Barry, 1743~1793). 파리 뒷골목에서 왕의 침실까지 올라간 역사 속의 또 다른 신데렐라입니다.

    신데렐라라고 하면 느껴지는 순수하고 사랑스럽고 백마 탄 왕자님과 영원히 행복할 것 같은 이미지는 역사 속에선 거의 존재하지 않습니다. 러시아의 예카테리나 1세가 신데렐라를 뛰어넘는 신분 상승을 누렸지만 사다리를 오르는 데 피를 뒤집어써야 했듯이, 마담 뒤 바리의 삶 역시 계급의 사다리를 올랐다는 점에서는 신데렐라와 비슷할지 몰라도 자세한 이야기는 도저히 역사 시간에 학생들에게 들려줄 만한 것은 아니죠. 한밤중에 어른들끼리 속닥거릴 만한 삶을 산 마담 뒤 바리의 이야기는 프랑스에서 시작됩니다.

18세기 중엽 프랑스의 로렌 지방에는 미모로 유명한 한 평민 집안이 있었습니다. 베퀴 집안의 사람들은 아버지를 비롯해 모든 자녀들이 예쁘고 잘생겼으며 그 미모를 이용하여 얻고 싶은 것은 다 얻어내고는 했습니다. 아버지 파비앵 베퀴는 소문이 자자한 미모로 부자인 과부를 유혹해 결혼한 뒤 그녀의 재산과 성(姓)까지 차지해버렸죠. 과부가 불행한 결혼 생활 끝에 사망하자 파비앵은 재혼하여 부인과의 사이에 7명의 아이를 낳았습니다. 아버지의 빼어난 미모를 쏙 빼다 박았던 아이들 역시 뛰어난 외모 덕분에 취업도 결혼도 승승장구하며 먹고 살 걱정 하나 없이 편하게 살아갔습니다. 그중 딸 안만이 날품팔이를 하며 근근이 살아갔지요.

하지만 독자 여러분께서 걱정하실 것은 하나도 없습니다. 안은 반짝이는 푸른 눈동자와 풍성한 금발의 미녀인지라 동네 남자들과 군인들의 사랑을 듬뿍 받았고 선물은 늘 쏟아져 들어왔으니까요. 그러던 어느 날 안의 뱃속에는 아기가 생깁니다. 아이의 아버지가 누군지는 현재까지도 알려져 있지 않지만 이런 경우 친부일 것이라 짐작되는 사람들은 있기 마련이지요. 안과 깊은 관계를 맺고 역사 속에 길이 남을 딸아이를 남긴 남자는 아마도 당시 안의 동네에 살고 있던 아주 잘생긴 수도승, 장 밥티스트 고망 드 보베니에가 아닐까 짐작되고 있습니다. 만약 이것이 사실이라면 우리의 주인공은 아직 태어나지도 않았는데 벌써부터 호손의 『주홍글씨』를 연상시키는 스캔들을 품고 있는 거네요.

그렇게 안은 아버지가 누군지 모르는 사생아인 딸, 잔을 낳았습니다. 아기는 엄마의 미모를 빼다 박았고 이 아름다운 모녀는 온 동네의 관심거리였습니다. 안이 뛰어난 재능을 가져 돈을 긁어모으는 것도 아니었지만 잔은 엄마의 추종자들이 선물한 옷감과 레이스에 둘러싸여 아주 예쁘게 치장한 아기였죠. 잔이 태어난 지 3년쯤 지났을 때 안은 며칠 동안 동네에 들른 새로운 남자친구와 즐거운 연애를 하고 있었습니다. 새 남자친구 무슈 빌라 뒤 몽소와 만나던 시기에 안은 둘째 클라우데를 임신하지만 아기는 태어난 지 10개월 만에 사망했습니다. 아들의 죽음에 충격을 받은 것인지 안은 딸을 데리고 무슈 빌라 뒤 몽소를 따라 그가 지내고 있는 파리로 가게 됩니다.

무슈 빌라 뒤 몽소가 전 여자친구인 안과 그녀의 딸 잔을 데려간 곳은 자기 새 여자친구의 집이었습니다. 정말 배짱도 두둑한 남자네요. 새 여자친구인 프란체스카는 이탈리아 출신의 부유한 부인이었고 그녀는 안이 부엌에서 요리사로 일할 수 있도록 해주었습니다. 인정 많고 호탕한 성격의 프란체스카는 인형같이 예쁜 잔에게 푹 빠져서 아이에게 온갖 사치품을 둘러주고 맛있는 음식을 먹이며 미식의 세계를 가르쳐주었습니다. 엄마는 부엌에서 재투성이가 되어 일을 하는 동안 5살 난 꼬마 잔은 벨벳 의자에 앉아 예쁜 드레스를 입고 미모에 대한 찬사를 들으며 자신의 외모와 매력이 가진 힘을 깨달았죠. 어린 잔의 눈에 마담 프란체스카는 거칠어진 손의 엄마와는 달리 우아하고 세련된, 멋진 모범으로 보였을까요.

하지만 호화롭고 부유한 생활도 잠시, 잔은 교육을 위해 수녀원으로 보내졌습니다. 아이의 교육을 위해 선택된 수녀원은 소녀들이 험난한

프랑스 왕의 애첩이 될 마담 뒤 바리는 평민 어머니의 사생아로 세상에 태어났다.

세상에서 살아남는 데 도움이 될 만한 기술을 가르치는 곳이었습니다. 잔은 이 수녀원에서 교육을 받으며 10대 소녀로 자라났습니다. 삶이 안정되어가고 있던 와중에 잔의 어머니 안은 프란체스카의 집에서 쫓겨납니다. 어쩌면 나이 들어가던 프란체스카가 잔과 안의 미모가 꼴 보기 싫어져서였을 수도 있고 어쩌면 무슈 빌라 뒤 몽소가 다시 한 번 안과 그렇고 그런 사이가 되어가고 있어서였을 수도 있다고 짐작되는데요, 이유야 어찌되었든 잔과 안은 더 이상 프란체스카의 아름다운 저택이 아닌, 안이 몇 년 전에 결혼한 남편의 초라한 집으로 들어가게 됩니다.

인형같이 예쁜 잔의 앞날에는 무엇이 기다리고 있을까?

잔은 이제 15살 정도의 성숙한 아가씨가 되었습니다. 자기 용돈은 스스로 벌어야 하는 나이였죠. 그래서 잔은 이런저런 일들을 전전하며 다양한 경험을 쌓게 됩니다. 미용사의 조수로도 일하고 노부인의 말동무도 되었다가 옷가게 점원으로 일하기도 했죠.

화려한 금발의 미녀였기 때문인지, 베퀴 집안 핏줄 어디 안 가는 것인지, 어딜 가나 그녀의 뒤에는 스캔들과 입소문이 졸졸 따라다녔습니다. 미용사의 조수로 일할 때는 미용사와 연인 관계였고 노부인의 말동무로 일할 때는 노부인의 결혼한 아들들과 눈짓을 주고받다가 가정을 파탄 낼 짓을 하여 쫓겨나기도 하면서 말이죠. 옷가게에서 일할 때 잔은 미술에 아주 관심이 많은 새 친구를 사귀게 됩니다. 현재까지도 여러 박물관에서 어렵지 않게 찾아볼 수 있는 작품들을 그린 이 친구의 이름은 아델라이드 라비유-귀아르(Adélaïde Labille-Guiard), 18세기의 유명한 여성 초상화가입니다.

　옷가게에서 일하는 동안 잔은 여러 연인들을 거쳐 갑니다. 그 어떤 어른도 아름다운 잔을 보호해주지 않았고 결국 잔은 옷가게 점원의 봉급으로는 영 만족하지 못했는지 도박장에서 남자들과 어울리며 새로운 직업을 갖게 됩니다. 이후 그녀가 죽을 때까지 진실이다 소문이다 하며 그녀의 뒤를 졸졸 따라다닐 그 직업은 바로 창녀였습니다. 그런 잔을 눈여겨본 한 귀족 남자가 있었으니 그의 이름은 장 뒤 바리, 신분은 백작이었죠. 뒤 바리 백작을 만난 후 잔의 인생은 이후 그녀의 삶을 통째로 뒤흔들 커다란 변화를 겪게 됩니다. 뒤 바리 백작은 지위에서 풍기는 고상한 이미지와는 달리 사교계의 포주였고 거물 포주를 만난 잔은 그의 손길 아래서 하는 일은 똑같지만 돈은 더더욱 많이 받는 고급 창녀로 거듭나게 되었습니다.

　뒤 바리 백작은 잔을 마음에 쏙 들어 해서 자신의 애첩으로 두고는 각계각층의 손님들과의 만남을 주선했습니다. 일반 귀족들부터 고위 관리들에 이르기까지 잔의 새로운 손님은 숨 돌릴 틈도 없이 늘어갔습니다. 귀족 집안의 교육과 벌어들인 수입으로 때 빼고 광낸 잔은 파리에서 점차 명성이 드높아져 갔고 그녀에게 일어난 변화의 기회는 1768년에 정점을 찍었습니다. 잔을 통해 더더욱 큰 권력과 부를 얻고자 했던 뒤 바리 백작이 잔을 프랑스 왕 루이 15세의 눈앞에 들이민 것입니다. 뒤 바리 백작의 예상은 적중하여 58살의 루이 15세는 25살의 잔을 보자마자 순식간에 그녀의 매력에 빠져들었습니다.

　유명한 애첩 마담 퐁파두르(1721~1764)가 세상을 떠난 뒤로 4년 동안

잔을 만나던 무렵의 루이 15세. 당시 58살이었다.

공식적인 애첩이 없었던 루이 15세는 혜성처럼 나타난 젊고 아름다운 잔에게서 눈을 떼지 못했습니다. 잔의 매력과 침대에서의 기교가 어찌나 뛰어났던지 왕은 잔과 잠자리를 함께한 뒤 잔이 예뻐서 어쩔 줄을 몰랐습니다. 이에 한 귀족이 잔이 왜 그리 좋으신지 묻자 루이 15세는 "프랑스의 모든 이들 중 그녀만이 내가 곧 60살이 될 거라는 걸 잊게 해주었다."고 대답하기도 했죠. 왕은 잔과 함께 보내는 시간들을 아주 즐거워하며 그녀의 매력에서 헤어나오지 못했습니다. 하지만 다른 귀족들에 의하면 루이 15세가 그토록 즐거워했던 것은 순전히 왕이 '순진' 했기 때문이었죠.

> 하지만 루이 15세는 그가 전혀 알지 못했던 성적인 즐거움을 주는 이 여성에게 완전히 푹 빠져 있는 것처럼 보였고 그는 아이앵 공작(duc d'Ayen)에게 "완전히 새로운 쾌락들을 발견했다."고 고백했다. 말을 돌려서 하는 법이 없던 공작은 그 말에 "그것은 말입니다, 전하. 전하께서 단 한번도 매춘굴에 가보신 적이 없기 때문입니다."라고 대답했다. [주6]

남편의 수많은 애첩들을 참아가며 살던 루이 15세의 왕비 마리 레슈친스카(1703~1768)가 1768년에 세상을 떠나자 궁의 모든 이들은 눈물을 흘리며 왕비를 애도했습니다. 늘 정숙하고 우아했던 왕비를 잃은 루이 15세 역시 무척 슬퍼했지요. 잔은 왕의 마음이 자기에게서 떠날까봐 안절부절 못했지만 왕비 살아생전에 왕비에게 죄책감을 느끼면서도 유부녀들을 애첩으로 들여놓았듯, 왕비의 죽음이 루이 15세의 손을 잔에게서 떨어뜨려 놓을 수는 없었습니다. 그렇게 루이 15세는 잔의 가슴에 얼굴을 묻고 슬픔을 달랬습니다. 어휴, 왕비는 죽은 후에도 분을 삭여야 했겠네요.

왕의 눈을 사로잡았으니 잔의 앞날은 승승장구가 될 법했지만 잔의 앞길을 가로막는 것이 하나 있었습니다. 그것은 바로 잔이 아직 미혼의 평민이라는 것이었죠. 당시에는 여성이 베르사유 궁에 들어가기 위해서는 기혼의 귀족 여성이어야 했고 그러므로 왕의 애첩이 되기 위해서는 역시, 역설적이게도 기혼의 귀족 부인이어야만 했습니다. 베르사유 궁 바깥에 잔을 두기는 싫고, 잔을 궁으로 데려와 어화둥둥 하고 싶었던 루이 15세는 이 둘을 한 방에 해결하라 어명을 내렸습니다. 왕의 신하들은 뒤 바리 백작의 형제를 억지로 잔과 결혼시켜서 잔을 유부녀로 만들고 뒤 바리 백작부인이라는 작위를 잔의 손에 쥐여주었습니다.

잔이 뒤 바리 백작부인, 즉 마담 뒤 바리가 되어 베르사유 궁에 들어가 왕의 여자가 될 조건이 모두 갖춰지자 루이 15세는 서둘러 잔을 위해 자기 방 근처의 방을 내어주고 잔을 베르사유로 불러들였습니다. 하지만 루이 15세가 잔을 팔에 매달고 자랑하려면 또 하나의 걸림돌이 있었으니, 그건 바로 프랑스 궁정에서 돌아다니기 위해선 정식으로 소개가 되어야 한다는 것이었습니다. 그리고 정식으로 소개받기 위해선 누군가가 잔의 후원자가 되어 소개해주어야 했습니다.

좋은 교육을 받은 평민이었던 마담 퐁파두르가 왕의 총애를 받던 시절에도 귀족들은 그녀를 보며 코웃음을 치고 생선 냄새가 난다며 비아냥거렸는데 이번엔 매춘부를 데려왔으니 그 어떤 귀족도 잔을 위해 후원자가 될 생각은 없었습니다. 결국 엄청난 도박 빚에 허덕이던 마담 드

폴란드의 공주로 태어나 프랑스의 왕비로 삶을 마감한 마리 레슈친스카 왕비.

베아른(Madame de Béarn)이 자신의 도박 빚을 전부 갚아준다면 잔을 후원하겠다고 하여 잔은 드디어 1769년, 마담 뒤 바리로서 베르사유에 정식으로 소개될 수 있었습니다.

하지만 마치 그녀의 비참한 최후를 예견하듯, 소개되는 일도 마담 드 베아른이 발을 다쳐 무산되는 등, 영 순탄치 못했습니다. 잔이 드디어 마담 뒤 바리로서 베르사유에 소개되던 날, 수많은 프랑스 사람들은 왕이 드디어 노망이 든 것인가 싶어 경악을 금치 못했습니다. '한낱 길거리의 창부가 프랑스 왕의 공식 애첩이 되다니!' 하며 말이죠.

하지만 그렇다고 해서 사람들이 마담 뒤 바리의 등장을 보지 않겠다고 생각한 것은 아니어서 모두가 베르사유에 모여 마담 뒤 바리의 등장을 기다렸습니다. 루이 15세는 아주 사랑하는 마담 뒤 바리가 아름답게 등장하길 기대하면서 전날 밤 그녀에게 10만 프랑어치의 다이아몬드를 쏟아부었던 터라 마담 뒤 바리가 얼마나 아름다울지 기대하며 안절부절 못했습니다. 째깍째깍 시간은 흘러가는데 마담 뒤 바리는 등장하지 않았습니다. 10분이 지나고 20분이 지나고 아무래도 오지 않을 건가보다 싶었을 때쯤, 드디어 마담 뒤 바리가 등장합니다.

시간이 늦었다며, 무서워서 못 오는 거 아니냐며 수군거리던 사람들도 마담 뒤 바리가 등장하자 숨을 헉, 들이마셨을 정도로 그날 마담 뒤 바리는 매우 아름다웠다고 합니다. 그렇잖아도 유명한 미모에 은빛으로 빛나는 드레스와 화려하기 그지없는 헤어스타일, 우아한 움직임, 루이 15세의 선물이었던 10만 프랑어치의 다이아몬드까지 더해져 마담 뒤 바리의 모습은 그녀의 과거도 말끔히 잊게 할 만큼 신비로웠죠. 세상만사에 관심 없고 늘 사냥 이야기만 일기에 쓰던 왕세자 루이(훗날 루이 16세)가 일기장에 '오늘은 마담 뒤 바리가 소개되었다' 라고 쓸 정도였으니 그날 베르사유의 사람들 뇌리에 새로운 애첩의 등장이 얼마나 강렬하게 박혔는지 알 수 있겠습니다.

귀족들은 마담 뒤 바리의 과거와 지위에는 경멸의 시선을 보냈지만 마담 뒤 바리가 얼마나 빼어나게 아름다운지에 대한 칭찬만은 빼놓지 못했습니다. 미모란 예나 지금이나 판단력을 흐리게 하는 모양입니다.

미녀가 가득한 궁정에서도 그녀는 가장 예쁜 여자 중 하나이며 완벽한 미모로 인해 모든 여자 중 가장 매혹적인 여성이다. 파우더 칠을 자주 하지 않는 그녀의 머리는 가장 아름다운 금발이며 너무나 풍성하여 그녀 스스로도 어떻게 해야 할지 모르는 듯하다. 그녀의 커다란 푸른 눈은 솔직하고 애무하는 듯하며 그녀의 코는 사랑스럽고 그녀의 입은 매우 작고 그녀의 피부는 눈부시게 희다. [주7]

만화 「베르사유의 장미」나 마리 앙투아네트의 일대기를 그린 영화 등에서 마담 뒤 바리는 악녀로 그려지곤 하지만, 그리고 당시 프랑스 국민들의 입장에선 늙은 왕을 졸라서 보석을 얻어내고 사치를 부리는 매춘부는 악녀로 보일 수밖에 없었겠지만, 마담 뒤 바리의 성격 자체는 굉장히 좋은 편이었습니다. 어쩔 수 없이 마담 뒤 바리와 그녀를 아주 총애하는 루이 15세와 함께 지내야 했던 귀족들은 별로 인정하고 싶진 않았겠지만 마담 뒤 바리가 상냥하고 친절하며 적개심은 없고 선물을 주기를 즐겨하는 사람이라는 점만은 인정해야 했습니다.

마담 뒤 바리는 나쁘게 말하면 멍청하고 좋게 말하면 순수한 편이어서 그야말로 우리가 흔히 떠올리는 '애첩'의 이미지에 꼭 들어맞는 행동만 하며 베르사유에서의 삶을 즐겼습니다. 정치에는 그다지 관여하지 않고 보석, 드레스, 예술품들에 둘러싸여 맛있는 음식을 즐기고 파티를 열고 왕의 곁에서 애교를 부렸죠. 패션에 지대한 관심을 갖고 있던 마담 뒤 바리는 훗날 마리 앙투아네트가 그러하듯 소박하고 심플한 드레스를 즐겨 입었고 당시 귀부인들 가운데 유일하게 여러 가지 보석을 섞어서 치장했으며 루이 15세로부터 받은 보석이 너무나 많아 보석을 구두굽 끝에까지 장식하곤 했습니다.

　루이 15세는 마담 뒤 바리가 원하는 것이라면 무엇이든 주었습니다. 귀한 보석부터 희귀한 예술품에, 심지어는 살아 있는 사람까지 선물로 주었죠. 어느 날, 루이 15세는 방글라데시에서 영국인 노예 상인들에 의해 영문도 모르고 잡혀온 11살 소년 자모르(Zamor)를 마담 뒤 바리에게 선물이라며 내려주었습니다. 마담 뒤 바리는 죽을 때까지 자모르를 아프리카에서 데려온 것으로 착각하긴 했지만, 어쨌든 아주 예뻐했습니다. 자모르에게 실크와 벨벳으로 만든 옷을 입히고 달콤한 과자와 사탕을 잔뜩 주었으며 글을 가르쳐서 자모르는 훗날 루소를 즐겨 읽을 정도로 학문적 성취를 이루었습니다. 자모르는 루이 15세와 마담 뒤 바리가 자신을 아주 귀여워하는 것을 잘 알아서 온 궁정 사람들을 상대로 개구진 장난을 치고 다니고는 했습니다. 자모르는 아주 어두운 피부의 소년이었기에 당시 프랑스에서 찬양하던 마담 뒤 바리의 새하얀 아름다움을 초상화에서 돋보이게 하는 데 이용되고는 했습니다.

　항상 예쁨을 받으며 사람들에게 다정하던 마담 뒤 바리가 눈물을 터트리며 루이 15세를 곤란하게 했던 유명한 사건이 있었으니 바로 마리 앙투아네트와 관련된 일이었습니다. 루이 15세는 사랑하던 애첩 마담 퐁파두르를 1764년에 잃고, 아들 왕세자 루이를 1765년에, 며느리는 1767년에, 아내는 1768년에 떠나보냅니다. 아끼고 사랑한 사람들이 4년 동안 줄줄이 세상을 떠나자 루이 15세는 아들 왕세자 루이의 아들이자 아버지의 죽음으로 왕세자가 된 루이(훗날 루이 16세)를 오스트리아의 공주 마리아 안토니아와 결혼시키게 됩니다.

　1770년에 14살 난 마리아 안토니아는 프랑스로 시집 온 뒤로 마리 앙

뒤 바리 백작은 잔의 비천한 출신을 무마시키기 위해 잔을 3살 더 어린 귀족 혈통의 아가씨로 출생 신고서를 위조하기도 했다.

투아네트로 불렸고 그때부터 왕세자비로서 왕비 없는 프랑스 왕궁에서 지위가 가장 높은 여성이 되었습니다. 문제는 마리 앙투아네트가 형식상 가장 높은 여성이라면 마담 뒤 바리는 현실적으로 가장 총애를 받는 여성이었다는 점이었습니다. 루이 15세는 새로 온 손자며늘아가를 보며 흡족해했지만 손자며늘아가가 아무리 예뻐봤자 마담 뒤 바리를 이 길 수는 없었습니다.

마리 앙투아네트가 처음 베르사유 궁에서 연회를 즐길 때, 마담 뒤 바리 역시 참석해 있었습니다. 굉장히 화려한 마담 뒤 바리를 보고 마리 앙투아네트는 옆의 귀부인에게 '아름다운 마담 뒤 바리는 궁에서 맡은 직책이 무엇이냐'고 물었죠. 이에 '마담 뒤 바리는 루이 15세를 기쁘고 즐겁게 해주기 위해 궁에 있다'는 대답이 돌아오자 어리고 순진한 새 왕세자비는 웃으면서 '그렇다면 제가 뒤 바리 부인의 라이벌이 되겠네요'라고 대답했습니다. 이 말에 당황한 주변 사람들의 설명 덕분에 왕을 어떤 의미로 '기쁘게' 하는 것인지 알게 된 마리 앙투아네트는 경악을 금치 못합니다. 마리 앙투아네트는 어머니 마리아 테레지아가 다스리는 나라에서 왔기에 왕의 첩 따위가 같은 궁 안에 있고 왕의 식사에 초대를 받아 가면 길거리 매춘부 출신의 첩과 같은 식탁에 앉아 밥을 먹어야 한다는 점에 혐오감을 느꼈습니다. 더군다나 마리 앙투아네트의 곁에는 루이 15세의 딸들이 모여 마담 뒤 바리에 대한 악담을 늘어놓으며 다 함께 미움을 키워나갔죠. 마리 앙투아네트는 경멸을 숨기지 않았고 마담 뒤 바리는 대놓고 자신과 라이벌이 된 마리 앙투아네트를 보며 투덜거렸습니다.

곧 두 여인의 물러설 수 없는 전쟁이 시작되었습니다. 베르사유 궁의 사람들은 날 때부터 왕족이었던 마리 앙투아네트와 파리의 뒷골목에서 올라온 마담 뒤 바리의 신경전을 아주 흥미진진하게 구경했습니다. 팝콘이라도 튀겨야겠는걸요. 높은 지위의 사람이 먼저 말을 걸지 않으면 낮은 지위의 사람은 말 한마디 붙여볼 수 없던 당시 예법상, 프랑스의

마담 뒤 바리의 새하얀 아름다움을 돋보이기 위해 방글라데시에서 잡혀온 노예 소년 자모르가 함께 그려졌다.

왕세자비로 베르사유 궁 여성 서열 1위였던 마리 앙투아네트는 마담 뒤 바리보다 훨씬 우위에 있었습니다. 그리고 콧대 높은 루이 15세의 딸들은 마리 앙투아네트의 곁에서 마담 뒤 바리 쪽은 쳐다도 보지 말라며 부추겼죠. 남편과의 사이에 아이는커녕, 부부관계도 갖지 못했던 마리 앙투아네트는 루이 15세의 딸들이자 자신에게 친절한 시고모님들의 말 한마디 한마디에 매달렸습니다. 루이 15세의 딸들은 마담 뒤 바리에 밀려 영향력을 잃은 지 오래였는데, 마리 앙투아네트를 통해 자신들의 입김을 다시 행사할 수 있었습니다.

마담 뒤 바리는 마리 앙투아네트에 대해 "난 그 빨간 머리에, 두꺼운 입술에, 모래 같은 피부색에, 속눈썹도 없는 눈에서 매력이라곤 하나도 찾을 수 없는 걸! 오스트리아 왕가에서 태어난 것이 아니었다면 아무도 그 매력을 찬양하지 않았을 거야."라고 빈정거렸고, 마리 앙투아네트는 어머니인 마리아 테레지아에게 보낸 편지에서, "상상 가능한 것 중 가장 멍청하고 버릇없는 사람인 마담 뒤 바리에게만 (루이 15세) 전하께서 약하신 것을 보면 한심해요."라고 쓰기도 했죠.

마담 뒤 바리는 루이 15세의 말년에 더욱 강력해졌다. 그녀가 제일에 열심인 신하들에 둘러싸여 있을 때, 위풍당당한 왕세자비는 그러한 전반적인, 현실적인 힘보다도 여성들이 더 부러워하고는 하는, 영향력을 나누도록 허락받지 못했다. 의식하지 못한 경쟁은 쉴 새 없이 왕세자의 부인과 왕의 첩 사이에 오고 갔다. 마담 뒤 바리는 시대에 역행하는 이들을 보호했고 마리 앙투아네트는 그녀가 가진 소소한 힘을 슈아죌 공작(duc de Choiseul)과 철학자들에게

루이 15세의 딸들. 프랑스의 공주라는 사실에 무척 자부심을 느껴 왕이나 왕세자가 아니면 결혼하지 않겠다고 했던 아델라이드(왼쪽). 통통한 몸매 때문에 아버지로부터 '꿀꿀이'라는 별명을 받았던 빅투아르(가운데). 당시 미인상에 영 걸맞지 않아 아주 못생겼다는 평을 받았던 조피(오른쪽). 평생 결혼하지 않고 미혼으로 남은 세 딸들은 아버지의 첩들을 아주 싫어했지만 루이 15세는 딸들의 말을 들을 생각이 전혀 없었다.

나누어주었다. 불경스럽게도 혁명을 준비하던 바로 그 남자들에게 말이다.[주8]

신실하고 도덕적이었던 마리 앙투아네트는 마담 뒤 바리에게 단 한마디도 말을 걸지 않았습니다. 궁정의 모든 귀족 여성에게 상냥하게 한마디 한마디 말을 걸어줄 때도 마담 뒤 바리는 건너뛰어버렸죠. 입을 다물고 마리 앙투아네트에게 고개를 숙여야 했던 마담 뒤 바리는 결국 눈물을 터트리며 루이 15세에게 분노를 쏟아냈습니다. 이제 나이가 많이 든 루이 15세는 하루하루를 평온하게 애첩과 알콩달콩 지내고 싶었죠. 그런데 갑자기 손자며느리와 애첩이 싸움을 벌이자 두통이 다 난 루이

15세는 마리 앙투아네트의 말동무 중에 가장 높은 부인을 불러 조용히 문제 좀 해결하라고 압력을 넣었습니다. 궁에는 벽에도 눈이 있기 때문에 결국 이 이야기는 오스트리아 대사의 귀까지 들어가게 되었습니다. 오스트리아 대사는 사실 공주님이 무슨 기싸움을 하고 있든 그런 것보다는 프랑스에서의 오스트리아의 입지가 중요했기 때문에 기겁을 하고 마리 앙투아네트의 어머니이자 오스트리아 여제인 마리아 테레지아에게 서찰을 보냈습니다.

마리아 테레지아는 편지를 받고 고민에 휩싸였습니다. 나라의 군주로서는 공주에게 외교적 문제니까 그 여자한테 잘하라고 해야 하는데, 엄마로서는 아무래도 딸에게 도덕적 가치를 가르쳐야 하고, 게다가 그동안 정숙하라고 가르쳤는데 정숙하지 않아서 인생 성공한 뒤 바리에게 잘 대하라고 하기가 영 껄끄럽거든요. 하지만 그래도 개인의 도덕보다는 국가 간의 관계가, 그리고 아들을 아직 낳지 못한 왕세자비에게는 시할아버지의 총애가 중요한 법이니 마리아 테레지아와 오스트리아 대사는 마리 앙투아네트에게 그러지 말고 네 정치적 의무를 생각하라고 타일렀습니다. 그러나 아직 10대 소녀였던 마리 앙투아네트는 그 말을 듣고 아랫입술을 깨물더니 마담 뒤 바리가 울 정도로 화났다는 얘기를 들은 뒤에도 (어쩌면 들었기 때문에) 마담 뒤 바리를 계속 무시했습니다.

그러자 루이 15세는 정말로 화가 났습니다. 60대인 자신이 손자며느리와 20대의 여자친구 사이의 기싸움 때문에 이게 무슨 집안 망신이란 말입니까! 차라리 마리 앙투아네트를 살짝 불러서 '아가, 그러지 말고 잘 지내지 않으련?' 했으면 좋았겠지만 루이 15세는 손자며느리에게는 근엄하고 좋은 말만 하는 시할아버지로 보이고 싶었던 모양입니다. 어

찬란한 금빛 머리카락과 아몬드 모양의 새파란 눈동자, 그리고 백옥 같은 피부는 마담 뒤 바리에게서 눈을 뗄 수 없게 만들었다고 한다.

느 날, 평화로운(?) 시간을 보내고 있던 오스트리아 대사는 갑자기 소환되어 왕으로부터 문제 좀 해결하란 소리를 듣습니다. 애들(?) 싸움이 어른 싸움을 넘어서 순식간에 외교 문제로 번지며 마리아 테레지아가 겨우 일궈낸 오스트리아-프랑스 동맹이 위태로워질 참인데 어린 딸의 자존심보다 신경 쓸 중요한 문제가 많았던 마리아 테레지아는 결국 자존심 싸움 그만하라며 딸을 호되게 나무랐습니다.

> 그저 '안녕하세요'라고 말하는 것, 드레스나 그런 하찮은 것에 대해 친절한 말을 한마디 하는 것 가지고 이게 무슨 소란이냐. 그저 엉뚱한 짓이거나 더 못된 짓이지. 넌 네 아집에 푹 빠져서 논리나 의무조차도 너를 설득시킬 수가 없구나. 난 더 이상 이 문제를 지켜보고 있지 못하겠다. 네가 (오스트리아 대사와) 대화를 하고, 그가 네게 왕의 소원과 네 의무에 대해 설명한 뒤에도 네가 감히 그의 말을 듣지 않다니. 이런 짓을 저지른 이유가 대체 무엇이냐? 이유랄 것도 없겠지. 왕궁에 들어올 권리가 있고 왕의 측근에 포함된 숙녀처럼 그 뒤 바리를 대하지 않는 것은 옳은 일이 아니다. 넌 (루이 15세) 전하의 백성이고 그러므로 넌 그분께 복종과 순종의 의무가 있다. 그러니 베르사유의 귀족들과 숙녀들 앞에서 네가 네 주인의 말을 따른다는 모범을 보이는 것이 옳다. 만약 천박한 일이나 친밀하게 지낼 것을 네게 요구한다면 나나 다른 이가 네게 그리 하라 조언하지 않을 것이다. 하지만 지금 네게 바라는 거라고는 무관심한 말 한마디 하며 그녀를 바라보는 것이 아니냐. 그 숙녀를 위해서가 아니라 네 시할아버지이자 주인이자 네 후견인을 위해서 말이다![주9]

마리 앙투아네트는 엄마로부터 편지를 몇 차례 받고는 속상해하며 대사에게 "어마마마께서는 제가 늘 복종할 것임을 아실 거예요."라고

마담 뒤 바리를 만났을 무렵의 루이 15세. 나이가 든 왕은 자기 생애 마지막 애첩인 마담 뒤 바리가 원하는 것이라면 무엇이든 해주고 싶어 했다.

답했습니다. 처음 마담 뒤 바리에게 말을 걸려고 하는 날, 마리 앙투아네트는 무척 망설이며 천천히 마담 뒤 바리에게 다가갔습니다. 하지만 그녀가 마담 뒤 바리를 향해 입을 떼려는 순간, 시고모들이 등장해서 마리 앙투아네트를 낚아채 가면서 실패했지요.

결국 이 대결이 시작된 지 근 2년 만인 1772년 새해, 마담 뒤 바리가 왕세자비 부부 앞에서 절을 할 때, 마리 앙투아네트는 마담 뒤 바리가 있는 방향을 향해 아주 유명한 말을 던졌습니다. 그것은 바로 "오늘 베르사유에 사람이 많네요(Il y a bien du monde aujourd'hui à Versailles)."라는 말이었죠. 정말 별 것도 아닌 말이었지만 말의 내용보다는 그 미묘한 서열 경쟁이 중요한 것! 순식간에 베르사유의 모든 사람들은 오스트리아에서 온 왕세자비가 왕의 첩에게 자존심을 굽혔다는 이야기를 듣게 되었고 마담 뒤 바리는 승리의 미소를 지으며 두 다리 쭉 뻗고 잠을 잘 수 있었습니다.

이처럼 마담 뒤 바리를 애지중지하던 루이 15세는 마담 뒤 바리가 기뻐하는 모습을 보고 싶다는 욕심에 충격적일 만큼 비싼 다이아몬드 목걸이를 주문하게 됩니다. 네, 마리 앙투아네트와 관련된 역사에 관심이 있으신 분이라면 짐작할 법한 바로 그 유명한 '목걸이 사건'의 다이아몬드 목걸이입니다. 루이 15세가 마담 뒤 바리를 위해 주문한 이 다이아몬드 목걸이는 그 이전까지 존재했던 그 어떤 다이아몬드 목걸이보다도 아름답고 호화로운 것이었습니다.

하지만 목걸이가 완성되기 전에 루이 15세는 천연두에 걸려 병상에 눕게 됩니다. 이미 나이가 나이였던지라 살아날 가망이 없었지만 마담 뒤 바리는 루이 15세 곁에서 정성껏 그를 돌봤습니다. 그러나 마담 뒤 바리가 베르사유 궁을 떠나지 않는다면 루이 15세의 고해성사를 들을 수 없다는 신부의 말에 루이 15세는 죽기 전날 마담 뒤 바리를 궁에서 내보냅니다. 마담 뒤 바리는 궁 밖에서 5년 동안 자신을 애지중지했던 왕의 죽음을 전해 들었죠.

마담 뒤 바리는 두 번 다시 베르사유 궁으로 돌아갈 수 없었습니다. 이제 왕좌는 루이 16세와 마리 앙투아네트의 것이었고 루이 15세의 보호막 없이 마담 뒤 바리가 베르사유 궁에서 할 수 있는 일은 아무것도

왕의 가장 큰 총애를 받았던 마담 뒤 바리와 오스트리아에서 온 어린 왕세자비의 기싸움은 온 궁의 흥미진진한 구경거리가 되었다.

없었으니까요. 마리 앙투아네트는 남편을 통해 오랜 라이벌인 마담 뒤 바리를 수녀원으로 유배시켜버렸습니다. 2년여 만에 풀려난 뒤 바리는 이제 조용히 자신의 저택에서 살아갔습니다. 새로운 연인이 된 브리삭 공작(duc de Brissac)과 알콩달콩 지내기도 하면서 사람들의 기억 속에서 사라질 만큼 세월은 흘러갔지요.

그러던 어느 날, 프랑스의 모든 왕족과 귀족들이 백짓장처럼 하얗게 질릴(원래도 백짓장처럼 하얗긴 했지만) 사건인 프랑스 혁명이 터집니다. 때는 1789년, 루이 15세가 사망한 지 15년이나 지난 뒤였습니다. 만약 마담 뒤 바리가 사태의 심각성을 인지하고 몸을 낮춰 조용히 외국으로 도망가서 지냈더라면 죽을 때까지 사치스럽게, 행복하게 잘살았을 수도 있었지만 마담 뒤 바리는 평민들이 들고 일어났다는 이야기를 듣자 자신의 재산이 걱정되어 어쩔 줄을 몰랐습니다.

혁명의 와중에 연인인 브리삭 공작이 파리에 갔다가 성난 군중에게 붙잡혀 몸이 갈가리 찢겨 죽고 그의 잘린 머리를 선물로 받아 기절까지 했으면서도 마담 뒤 바리는 영국과 프랑스를 네 번이나 오가며 재산을 실어 날랐습니다. 그놈의 다이아몬드가 뭐기에……. 한눈에 봐도 돈 많아 보이는 귀부인이 영국과 프랑스를 들락날락하는 것을 수상하게 여긴 혁명군에 의해 결국 마담 뒤 바리는 붙잡혔죠.

마담 뒤 바리가 감옥에 갇혀 있는 동안 한때 그녀와 아옹다옹 투닥거렸던 마리 앙투아네트는 단두대에서 목이 날아갔고 마담 뒤 바리는 바들바들 떨면서 재판정에 서야 했습니다. 그런 마담 뒤 바리의 눈앞에서 증언대에 선 사람은 바로 마담 뒤 바리가 그토록 아꼈던 방글라데시 소년, 자모르였습니다. 이제 나이가 든 자모르는 역설적이게도 마담 뒤 바

1785년에 그려진 자모르의 초상화. 화려했던 베르사유의 날들이 지나가고 모두 뿔뿔이 흩어졌으나 뒤 바리가 아꼈던 자모르는 어디서 무엇을 하며 살고 있었을까?

리 덕분에 배운 학문을 통해 깨달음을 얻어 혁명에 동참했고 마담 뒤 바리를 죽음으로 몰아넣는 증언을 하고 있었던 것이죠. 자모르의 배신에 마담 뒤 바리는 치를 떨었지만 이미 벌어진 일은 어쩔 수 없는 법. 그렇게 마담 뒤 바리에게는 사형선고가 내려졌습니다.

  마담 뒤 바리에게는 죽음의 공포를 피해 자신을 위안할 만한 것이 아무것도 없었습니다. 왕족이라면 태어날 때부터의 권리를 누렸던 것일 뿐이라고 자기 위로를 하거나 군인이었던 귀족이라면 나라를 위해 봉사했다는 자부심으로 머리를 꼿꼿이 쳐들었겠지만 이제 나이가 들어 미모도 사그라진 마담 뒤 바리에게 남은 무기라고는 숨겨둔 재산뿐이었습니다. 서서히 목을 조여오는 죽음의 공포 앞에서 마담 뒤 바리는 감방의 문을 열고 들어온 사형집행인들에게 자신의 모든 재산이 어디에 있는지 알려줄 테니 목숨만 살려달라고 빌었습니다. 사형집행인들은 그녀의 청을 들어줄 것처럼 고개를 끄덕이고는 종이와 펜을 가져와서는 마담 뒤 바리가 실성한 사람처럼 읊어내는 재산 목록과 그것이 숨겨

사형장으로 끌려가는 마담 뒤 바리.

진 장소를 받아 적었지만 그녀의 말이 끝나자 곧바로 단두대로 끌고 갔습니다.

프랑스 왕 루이 16세, 왕비 마리 앙투아네트를 비롯해 수많은 프랑스의 왕족과 귀족들이 목숨을 잃은 단두대가 시야에 들어오자 털썩 주저앉은 마담 뒤 바리는 "절 다치게 할 건가요?! 왜죠?"라고 소리 지르며 끝없이 비명을 지르고 처형을 구경하기 위해 모인 군중을 향해 제발 도와달라고 살려달라고 빌었습니다. 하지만 마담 뒤 바리의 절규는 아무런 효과를 내지 못했습니다. 굶주림에 지쳐 혁명을 일으킨 프랑스 국민들이 보기에 늙은 왕에게 꼬리를 쳐서 국고를 탕진한 창녀에 불과한 마담 뒤 바리가 단두대에 오르는 것은 받아 마땅한 단죄였으니까요. 단두대 앞에 억지로 무릎 꿇려진 마담 뒤 바리의 목 위로 칼날이 떨어지는 순간, 프랑스 역사상 왕의 마지막 애첩인 마담 뒤 바리의 마지막 말이 군중의 귀를 울렸습니다.

"잠깐만요! 사형집행관님! 제발 잠깐만!"

5. 베르사유의 장미는 어떻게 시들었나?

마리 앙투아네트를 향한 악의적인 프로파간다와 전단지의 위력

"빵이 없으면 케이크를 먹으면 되지!"라고 말하며 깃털부채로 입을 가리고 까르르 웃는, 소라빵 머리와 화려한 드레스로 치장한 여인의 모습은 역사 속에서 프랑스 혁명과 사치스러운 왕족을 상징하는 이미지로 그려져 왔습니다. 그리고 이 엄청난 말을 한 여자는 바로 악명 높은 마리 앙투아네트, 프랑스의 마지막 왕비라고들 했죠.

하지만 이 말을 실제로는 마리 앙투아네트가 하지 않았다는 것은 최근에는 많이 알려진 사실이 되었습니다. 오히려 마리 앙투아네트가 나이를 먹고 철이 든 뒤에는 이전의 프랑스 왕비들보다 훨씬 검소했고 자녀들에게도 백성부터 생각할 것을 가르친 왕비였다는 것이 알려지고 있는데요. 그렇다면 왜 오늘날 우리는 마리 앙투아네트가 철없고 사치스럽고 다이아몬드 목걸이에 환장하며 프랑스를 고통으로 몰아간 희대

의 악녀로 알고 있는 것일까요? 그것은 바로 작은 언론, 전단지와 같은 선전물을 이용한 중상비방의 무시무시한 힘이었습니다.

예나 지금이나 유명인들의 속사정 이야기나 소문은 사람들의 귀를 쫑긋하게 하는 법입니다. 그래서 우리는 누구누구 개그맨이 아무개 배우랑 사귄다거나 라는 얘기에 눈을 동그랗게 뜨고 정계에서 섹스 스캔들이 벌어졌다는 소문을 SNS를 통해 나누고는 합니다. 굳이 유명인들로 갈 것까지도 없이 많은 사람들이 아는 사람의 뒷담화를 하며 시간을 때우는 것은 흔한 하루 일과지요.

발 없는 말이 천리를 간다고, 말과 소문의 힘은 오랜 세월 동안 위력을 떨쳐왔습니다. 그러니 이것이 정치적 목적에 이용되는 것은 너무나 당연한 수순이었죠. 예전에는 입에서 입으로, 발전해봤자 종이 위의 손글씨로 전달되었던 소문은 얼마 후 새로운 시대를 만나게 됩니다. 바로 인쇄술의 발명이었죠. 국가에 대해 반발심을 가진 군중과 인쇄술의 조합은 엄청난 시너지 효과를 낳았고 프랑스 혁명 이후로는 없어서는 안 될 전술이 되었습니다. 선전물은 근대 역사에서 심리전의 최강 무기로 활용되었고 특히 냉전시대에는 그 활용도가 하늘을 찔렀습니다. 한국 전쟁 당시에도 대대적으로 살포된 양측 선전물, 이른바 '삐라'가 남과 북의 군인들 마음을 흔들어놓곤 했습니다.

그렇다면 프랑스의 그 유명한 왕비, 마리 앙투아네트의 이야기로 들어가 보겠습니다. 이 이야기에 등장하게 될 선전물들은 18세기의 것이지만 21세기인 오늘날보다도 자극적이고 선정적이며 충격적이니 마음의 준비를 단단히 해두세요. 마리 앙투아네트는 '유럽의 장모'로 알려진 마리아 테레지아 여왕의 막내딸 '마리아 안토니아'로 태어나 오스트리아 궁정에서 자랐습니다. 그리고 언니 오빠들과 마찬가지로 마리아 안토니아 역시 정략결혼을 할 날이 다가왔고 막내 공주님인 마리아 안토니아의 상대는 다름 아닌 프랑스의 왕세자, 루이였습니다.

원래 오스트리아와 프랑스는 역사적으로 그리 사이가 좋지 않은 국가들이었습니다. 그런데 어떻게 서로 으르렁거리던 적국이 사돈을 맺게 되었을까요? 풀어서 얘기하면 긴 이야기가 되겠지만 짧게 하자면 당시 식민지를 거느리기 시작했던 유럽의 주요 국가들은 여러 이해관계가 얽혀 각자 동맹을 맺고 7년 전쟁(1756~1763)을 벌였습니다. 이 전쟁은 각국의 식민지에서도 벌어졌기 때문에 2차대전을 연합국의 승리로 이끈 영국 수상 윈스턴 처칠이 7년 전쟁을 가리켜 "최초의 세계대전"이라고 일컬었을 정도로 매우 많은 지역이 전쟁의 불길에 휩싸였습니다. 유럽은 물론이고 남북 아메리카 대륙, 심지어 필리핀까지 전쟁에 휘말렸죠. 그리고 이때, 오스트리아는 프랑스, 러시아 등과 동맹을 맺게 됩니다. 그 후, 전쟁이 끝난 후에도 밀월관계를 유지하고 더욱 공고하게 만들기 위한 노력의 일환으로 프랑스 왕세자와 오스트리아 공주가 결혼을 하게 된 것이었습니다.

프랑스의 왕세자비로서 마리아 안토니아가 선택되었다는 말에 오스트리아의 궁정은 아주 부산스럽게 움직였습니다. 마리아 안토니아에게서 오스트리아인 느낌은 쫙 빼고 프랑스인, 베르사유 궁정인, 나아가 프랑스 왕족의 이미지를 불어넣기 위해 온갖 방법을 다 썼죠. 당시 최신 유행의 프랑스 스타일을 알려주기 위해 프랑스의 디자이너들은 오스트리아 궁정으로 샘플 드레스를 입은 작은 인형들을 보내왔고 14살 마리아 안토니아는 프랑스어를 사용하고 프랑스식 옷을 입고 프랑스

1788년의 마리 앙투아네트. 오스트리아 궁정의 막내 공주에서 프랑스를 말아먹은 악녀가 되기까지 마리 앙투아네트를 바라보는 대중의 시각은 점차 차가워져만 갔다.

예절에 알맞게 행동하고 치아 교정까지 하고 코르셋을 졸라매며 프랑스 왕세자비에 걸맞은 모습이 되기 위해 안간힘을 썼습니다. 그렇게 오스트리아의 '마리아 안토니아'는 프랑스의 '마리 앙투아네트'로 변신해갔습니다.

하지만 그런 노력도 프랑스인들의 차가운 시선 앞에서는 한낱 물거품이 되었습니다. 사람들은 뒤에서 어린 왕세자비를 '오스트리아 암캐'라고 불렀고, 예의를 차린다면 '그 오스트리아 여자'라고 부르곤 했습니다. 남편인 루이가 루이 16세로 프랑스 왕위에 오르자 사람들은 금세 이 부부에 대한 이미지를 설정하고 이들이 죽는 날까지 그 이미지에 맞추어 둘을 비웃고 비꼬며 증오했습니다. 그 이미지란 왠지 전 세계의 모든 역사에 적어도 한번쯤은 등장하는 것만 같은 모습으로, 바로 '사람은 좋지만 둔하고 귀가 얇은 남자와 그의 옆에서 온갖 악한 술수를 속삭여 남자를 파멸로 이끄는 여자'였죠.

프랑스가 점점 살기 어려워지고 가난에 허덕일수록 사람들은 이 모든 것이 '그 오스트리아 암캐'의 잘못이라고 손가락질을 해댔습니다. 이들에게 있어 '오스트리아 암캐'인 마리 앙투아네트는 인간이 상상할 수 있는 온갖 문란한 짓을 베르사유 궁 안에서 행하고 국고가 텅 빌 정도로 사치를 부려대며 모은 돈은 전부 몰래 오스트리아에 가져다주는, 프랑스가 겪는 끔찍한 악몽이자 모든 잘못의 원흉이었습니다. 그럼에도 불구하고 루이 16세는 아내에게 무척 충실한 남편이었는데요, 하지만 오히려 문제는 남편이 딴 여자는 안 보고 아내만을 챙겼기 때문에 불거졌습니다. 이전까지는 왕의 첩들에게 향했던 화살과 소문과 비난이 욕할 첩이 없자 왕비에게로 향했거든요.

1788년에 그려진 마리 앙투아네트의 초상. 이 초상화가 그려진 지 불과 1년 뒤인 1789년에 프랑스 대혁명이 일어나고, 그녀는 비참한 최후를 맞게 된다.

루이는 나라의 도덕적 가치를 되돌릴 수 있다는 희망을 가지고 통치를 시작했다. 그는 할아버지(루이 15세)의 악명 높은 사생활과 수많은 애첩들과 비교되도록 자기 아내에게 충실하면서 궁의 도덕을 끌어올렸다. 역설적이게도, 왕의 애첩이 존재하지 않자, 궁내에서의 수군거림은 마리 앙투아네트를 겨냥하면서 도리어 왕실 가족에게 더욱 큰 피해를 끼쳤다. 원래 궁에서 사람들은 루이 15세의 애첩들 곁에 모여들어 파벌을 형성하고 애첩들의 영향력을 이용하여 자신들의 지위를 높이거나 가문을 부유하게 만들었다. 왕의 총애를 받고 있는 애첩의 파벌과 왕비의 파벌은 번갈아가며 권력을 나누었다. 하지만 루이 16세의 궁에서는 애첩 곁에 파벌이 존재하지 않았으므로 힘의 균형을 두는 것이 불가능했다. 마리 앙투아네트는 왕에게 영향력을 끼치며 사치를 부리고 오만하다는 비난을 혼자서 감수해야 했다. 그녀는 그렇게 악의적이고 선정적인 선전물의 주인공이 되었다. 왕위계승 서열에서 밀려난 왕의 남동생들의 사주로 인해 루이 16세가 아이들의 아버지가 아니라는 소문이 돌았다. [주10]

마리 앙투아네트가 누군가와 불륜을 저질렀다는 증거는 없다거나, 아이들에게 늘 감사하고 검소할 것을 가르쳤다거나, 마리 앙투아네트의 측근들과 시종들이 그녀의 겸손함과 친절함을 늘 칭찬했다거나, 백성들의 탄원에 귀를 기울이고 문제를 해결하려 노력하고, 다친 사람을 위해 의사를 불러주고 그의 가족들이 먹고 살 수 있도록 도와주었다는 등의 선행은 알려지지도 않았고 믿지도 않았습니다.

마리 앙투아네트를 비하하는 중상비방문은 수도 없이 인쇄되었고 파리 전역으로, 그리고 프랑스 전역으로 날개 돋친 듯 퍼져나갔습니다. 이 선전물들 속에서 마리 앙투아네트는 심지어 인간이 아니라 반인반수로까지 묘사되었으며, 특히 마리 앙투아네트를 성적으로 모욕하고 성적인 소문을 퍼트리는 것은 유행 수준으로까지 널리 퍼져서 다양한 언론이라는 것이 아직 존재하지 않았던 당시 사람들에게 마리 앙투아네트의 이미지는 불륜을 저지르고, 수간과 동성애를 즐기고, 시동생들과 잠자리를 갖는 색정광으로 자리 잡았습니다.

　이런 소문들이 얼마나 널리 퍼져 있었는지는 훗날 프랑스 혁명이 일어난 뒤 열린 마리 앙투아네트에 대한 재판에서 그녀의 이미지를 더더욱 망가뜨리기 위해 그녀의 아들인 8살 꼬마 루이 샤를이 어머니가 자신에게 자위하는 법을 가르쳤으며 성적으로 학대했다는 서류에 반강제로 서명한 것을 증거로 제출하며 친아들을 성적으로 학대하고 근친한 것이 사실인지 묻기도 했다는 점에서 확인할 수 있습니다. 이 충격적인 증언에 대해 어떻게 생각하는지 재판관이 묻자 마리 앙투아네트는 답변을 거부했으나 재판관이 재차 묻자 다음과 같이 답했습니다.

　"내가 답변을 하지 않는다면 그것은 자연 그 자체가 어머니에 대한 그러한 혐의를 받아들이기를 거부하기 때문입니다."

　그리고 청중을 바라보며 마리 앙투아네트는 외쳤습니다.

　"이곳에 있는 모든 어머님들, 제가 행했다는 이 혐의에 대해 묻겠습니다. 이게 가당키나 한 일입니까?"

　마리 앙투아네트의 어머니로서의 이 처절한 외침은 다른 어머니들의 동의를 얻었고 재판정은 재판관들을 비난하는 여성들의 고함소리로 가

혁명 재판정에서 꿋꿋하게 서 있는 마리 앙투아네트.

득 찼습니다. 물론 그렇다고 해서 재판 결과가 달라지지는 않았지만 적어도 프랑스로 시집오는 것이 결정된 순간부터 짓이겨지고 더럽혀진 마리 앙투아네트의 이미지 위에 아동성애자라는 혐의까지 덧씌워지지는 않은 듯했으니 그 순간에는 그것이 그녀에게 작은 위안이 되었을지도 모르는 일입니다. 하지만 마리 앙투아네트의 억울한 심정을 토로한 외침에도 불구하고 여전히 마리 앙투아네트를 둘러싼 수많은 소문 중 하나는 아들을 성희롱한 아동성애자라는 이야기입니다. 200년이 지난 지금도 사라지지 않고 구석에 숨어 있죠.

다시 과거로 거슬러 올라가서, 1770년에 프랑스 왕세자비가 된 14살 난 마리 앙투아네트에게는 요즘의 14살짜리들과는 아주 다른 고민이 있었습니다. 그것은 바로 남편이 자신과 잠자리를 갖지 않는다는 것이었죠. 성에 대해 누가 따로 교육을 시켜준 것도 아니었던 모양인지 이 어린 부부는 멀뚱멀뚱 서서 왜 아이가 생기지 않는지 고민을 하고 또 했습니다. 시간이 흘러 1774년에 왕세자 루이가 왕위에 오르고 마리 앙투아네트는 프랑스 왕비가 되었지만 여전히 후계자가 될 아들은커녕 딸도 태어나지 않았습니다. 자식 없이는 영원한 이방인일 수밖에 없었던 마리 앙투아네트는 주변의 조언에 따라 남편을 어떻게든 유혹해보려 했지만 루이 16세는 별 반응이 없었습니다. 왕비는 내버려두고 자신은 열심히 사냥을 다녔죠.

어머니 마리아 테레지아는 자기는 자식을 열여섯씩이나 낳았는데 딸은 왜 임신을 못하는지 속이 터질 지경이었지만 아무래도 말을 빙빙 돌려서 하던 시대인지라 편지로는 정확한 원인을 파악하기 힘들었는지 1777년에 자신의 장남이자 마리 앙투아네트의 큰오빠인 요제프 황제를 프랑스로 파견합니다. 매제인 프랑스 왕 루이 16세를 만난 요제프 황제는 남자 대 남자로 침실에서 일어나는 일에 대해 루이 16세와 허심탄회하게(?) 이야기를 나누었습니다. 손위 처남과 매제의 민망한 성상담 시간이 흐르고 나자 요제프 황제는 마침내 속시원하게 원인을 알 수 있었죠. 얼마나 어처구니가 없었는지 요제프 황제는 남동생인 레오폴트에게 다음과 같은 편지를 보냈습니다.

'부인과 밤을 보내는 그를 상상해봐, 이건 비밀이지만 말야. 왕은 튼튼하고 완벽하게 만족스러운 발기를 하지만 그는 자신의 물건을 부인에게 소개하고 그 안에서 움직이지 않은 채로 2분 간 있은 뒤 사정하지도 않고 발기가 된 채의 물건을 다시 꺼내고는 왕비에게 잘 자라며 물러난다더군. 아주 놀라운 것은 밤에 몽정을 하기도 하는데도 오직 실제로 안에 들어갔을 때는 사정하지 않는다는 거야. 그런데도 왕은 자신이 하는 것에 충분히 만족한다더군.' 루이 16세는 황제에게 자신은 이를 의무감 때문에 하지 즐거움 때문에 하지는 않는다고 털어놓았다. '아, 내가 그 자리에 있을 수만 있다면! (중략) 내가 제대로 되도록 확실히 했을 텐데 말이야. 이 프랑스의 왕이 채찍으로 얻어맞으면 당나귀마냥 분노에 차서 사정을 하게 되겠지.' 주11

손위 처남이 침대 옆에 서서 엉덩이를 채찍질하는 것이 과연 얼마나 큰 도움이 되었을지는 의문이지만 어쨌거나 요제프 황제의 조언은 루이 16세에게 큰 도움이 되었습니다. 루이 16세가 왜 이런 행동을 했는지에 대해서는 의견이 분분합니다. 지나치게 엄격했던 가정교육이나 심리적 부담, 너무 어린 나이의 부부, 그리고 루이 16세의 성기에 약간의 문제가 있었다는 점을 이유로 드는데요. 당시 루이 16세가 갖고 있던 성기의 문제는 수술을 통해 쉽게 해결될 수 있는 것이었고 수술을 시행했다고도 합니다. 그런데 이 수술이 진짜로 행해졌는지 아닌지에 대해서도 의견이 분분합니다.

두 사람은 요제프 황제가 다녀간 지 두 달 반 만인 1777년 8월 18일에 결혼 7년 만에 진정한 의미의 '첫날밤'을 가졌는데, 이를 두고 하는 방법만 몰랐던 것이고 수술을 하지 않은 거라면 젊은 두 남녀가 첫날밤을 가지는데 두 달 반씩이나 걸릴 이유가 무엇이겠냐고 하기도 하고, 루이

16세가 지속적으로 사냥을 다녔다는 기록이 있는데 수술을 했다면 어찌 사냥을 다녔겠냐고 하기도 합니다. 하지만 소중한 곳에 칼이 지나간 것이었든, 손위 처남의 조언이 지나간 것이었든 간에 중요한 것은 그 뒤로 마리 앙투아네트와 루이 16세 사이에 자녀들이 태어났고 마리 앙투아네트는 비로소 프랑스의 왕비이자 프랑스 왕세자의 어머니로서 자신의 위치를 공고히 할 수 있었다는 것입니다.

어린 부부가 드디어 성관계를 가졌다는 이야기는 가족들의 비밀을 넘어 전 유럽으로 퍼져나갔고 사람들은 마리 앙투아네트와 루이 16세의 침대에서 벌어지는 일들에 대해 수군덕거렸습니다. 당연하다면 당연하게도 이 이야기들은 프랑스 국민들에게도 퍼져나갔죠. 부부관계를 시작하게 된 뒤에도 루이 16세는 그리 자주 부부관계를 가지려 하지 않았기 때문에 부부가 서로에게 만족을 했든 하지 않았든 상관없이 마리 앙투아네트는 성적으로 불만족하고 있을 것이라는 편견에 시달려야 했습니다. 그리고 물론 루이 16세는 '그것' 조차 제대로 못하는 남자라는 비웃음을 당해야 했죠.

성적으로 불만족한 아내는 당연히 다른 곳으로 눈을 돌릴 것이라고 생각했는지 그렇게 마리 앙투아네트가 가장 친한 친구와 동성애를 하고 있는 모습, 남성 생식기 형상의 동물을 타고 있는 라파예트 후작을 맞이하다 못해 치마까지 걷어 올린 마리 앙투아네트의 모습 등의 선전물이 쏟아져 나왔습니다. 마리 앙투아네트는 친구인 랑발 공작부인과 함께 자위도구인 딜도를 이용하여 쾌락을 누린다는 소문이 돌았으며 심지어 훗날 감옥에 갇혀 있을 때는 간수들 앞에서까지 랑발 공작부인이 딜도를 꺼내 엉덩이에 걸치고는 마리 앙투아네트를 즐겁게 해준다

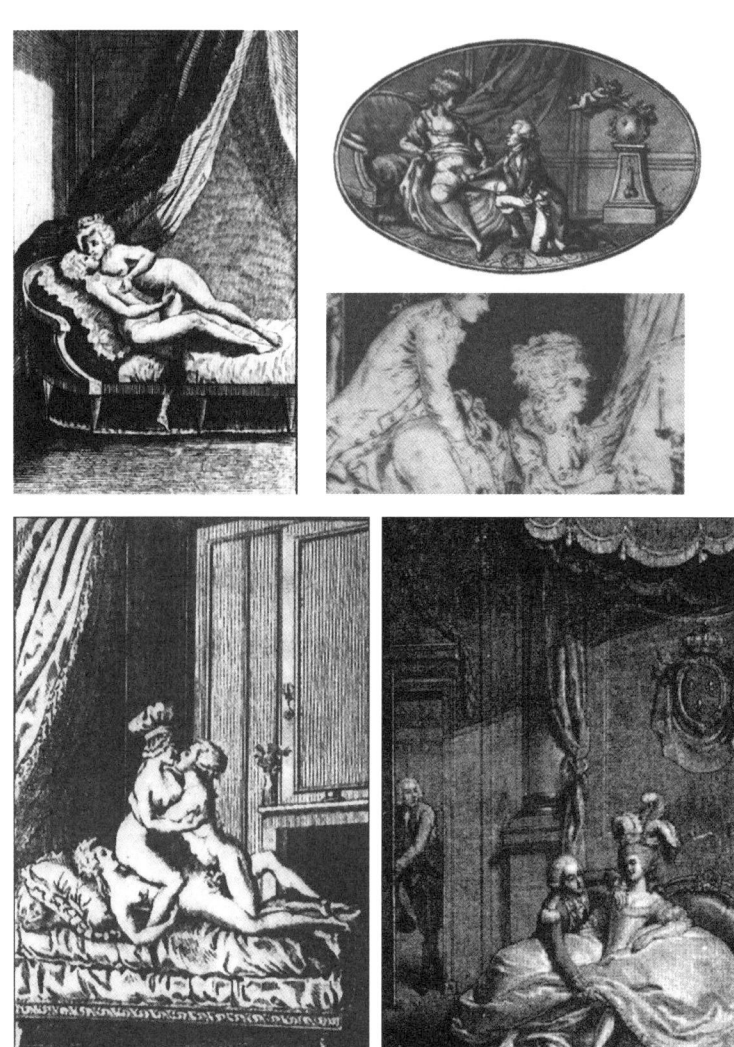

마리 앙투아네트의 절친한 친구였던 랑발 공작부인과 성행위를 하는 모습을 포함, 대중은 왕비를 성적으로 철저히 유린했고 국모의 명예는 곤두박질쳤다.

마리 앙투아네트는 나라의 경제를 지탱하는 가축들을 죽이는 괴물로 표현되었다.

고 하기까지 했습니다.

하지만 랑발 공작부인은 마리 앙투아네트의 절친한 친구로, 마리 앙투아네트가 위험에 처했다는 소식을 듣고 외국으로 도망칠 수 있었음에도 마리 앙투아네트 곁으로 돌아온 인물입니다. 죽음이 닥칠 수도 있다는 것을 알면서도 돌아온 그녀는 왕실을 부정하라는 명령에 응하지 않았고 결국 프랑스 혁명 기간 동안 벌어진 9월 학살 때 참혹히 살해당합니다. 옷은 갈가리 찢겼고 집단 강간을 당했으며 군중은 공작부인의 시신에서 젖가슴을 도려내고 시신을 절단한 뒤 그녀의 머리를 창끝에 꽂아 마리 앙투아네트가 있는 곳의 창가에 세워두었습니다.

이 9월 학살에서는 200여 명의 성직자와 몇몇 귀족들뿐만 아니라 감옥에 갇혀 있던 범죄자들은 물론, 무고한 시민들까지 살해되어 파리에서만 1,200~1,400여 명의 사람들이 사망했습니다. 랑발 공작부인이 잔인하게 살해된 뒤에도 랑발 공작부인을 마리 앙투아네트와 엮어서 성적으로 묘사하는 일은 계속되었습니다.

그와 함께 마리 앙투아네트는 그야말로 악의 뿌리 취급을 받았습니다. 당시 발간된 선전물 중 '오스트리아인 마리 앙투아네트의 삶(vie de Marie-Antoinette, d' Autriche)'에서는 혁명 이후에도 "모든 왕당파는 그 오스트리아 여자의 질에서 나왔으며 그 여자의 전염성 있는 동굴은 모든 악을 지속적으로 만들어낸다."고 주장했죠. 그렇게 마리 앙투아네트는 사람이라기보다 괴물로 묘사되었습니다. 악마와 관계를 갖고 프랑스를 잡아먹는, 그야말로 전형적인 마녀의 이미지였죠. 당대 영국의 정치철학자인 에드먼드 버크는 프랑스 혁명에서 루이 16세 부부의 처형을 보고 다음과 같은 말을 남겼습니다.

> 왕은 그저 하나의 남자가 되었다. 왕비는 그저 한 명의 여자가 되었다. 여자는 그저 동물일 뿐이고 그것도 가장 높은 계급의 동물이 아닌 것이다. 주12

한 나라에서 가장 고귀하고 신성시되는 여성인 왕비가 그야말로 갈기갈기 찢겨져 단순한 여자가 아닌 창녀, 괴물, 마녀의 모습으로 추락해 버렸으니 이것은 단순히 마리 앙투아네트의 추락이 아니라 프랑스 여성의 추락이기도 했습니다. 대중에게 마리 앙투아네트는 사치를 부린 타락한 아내, 불륜을 저지른 창녀, 정치에 나선 주제넘은 여자, 아이들을 학대하는 엄마였고 이는 여성이 교육받을 필요가 없으며 여자가 정치에 나서면 남자들에게 피해만 끼친다는 주장에 힘을 보탰습니다. 우리나라에도 옛날 옛적 스타일의 '암탉이 울면 집안이 망한다'는 속담이 있죠(하지만 암탉이 울면 달걀을 낳았다는 뜻이니 암탉이 많이 울어야 잘산다는

루이 16세의 처형. 루이 16세는 죽기 전 마지막으로 "내가 지금 흘리는 피가 프랑스 국민의 행복을 강화할 수 있길 신께 바랍니다."라는 말을 남겼다.

우스갯소리도 있고요).

 요즘에야 워낙 자극적인 영상 매체도 많고 다양한 언론을 접할 수 있으며 인터넷을 통해 많은 이야기를 공유할 수 있지만 전단지라는 것이 아주 새롭고 충격적이고 신기한 물건이었던 당시에 왕족을, 그것도 왕의 아내를 이처럼 성적으로 부각시키고 깎아내리는 것은 이전에는 상상조차 할 수 없었던 놀라운 일을 해냈습니다. 바로 왕족을 신적인 존재가 아닌 한낱 인간으로, 또는 그 이하로 내려다보게 만든 것이었죠. 이러한 '전단지'들은 프랑스 혁명이 진행되는 동안 루이 16세와 마리

마리 앙투아네트는 남편 루이 16세가 사망한 후 약 9개월 뒤에 단두대에서 처형되었다.

앙투아네트로부터 인간성을 앗아갔고, 분노한 군중은 '색정광'이자 '오스트리아 암캐'인 마리 앙투아네트에게 일말의 동정심도 없이 사형을 선고할 수 있었습니다.

오스트리아 여제 마리아 테레지아의 막내딸로 태어나 프랑스의 마지막 왕비로 살았던 마리 앙투아네트의 목이 단두대에서 날아가고 그 피가 식고 굳어 세상에서 사라진 지 어느덧 200년도 더 지났지만 우리는 여전히 마리 앙투아네트를 깎아내리기 위해 만들어졌던 선전물들의 영향을 받고 있습니다. 마리 앙투아네트가 아무 죄 없는 순수한 희생양은 아니었겠으나 그녀에게 가해졌던 대중들의 과도한 성적 모욕과 비난을 보노라면 인간적으로 안쓰럽기도 하고 '프로파간다'의 힘이 놀랍기도 합니다. 21세기를 사는 우리는 과연 이런 정치적 마케팅에서 자유로울까요? 다시 200년 뒤에 오늘날을 되돌아본다면 지금 이 지구상 어딘가에는 또 다른 마리 앙투아네트들이 있을지도 모를 일입니다.

6. 죽은 자와 함께 피에 젖은 춤을!

단두대가 낳은 기괴한 파티, '망자의 무도회'

옛날 옛날 먼 옛날에, 한 청년이 살았습니다. 달빛이 어슴푸레 비추는 어둑한 어느 날 밤 청년은 길을 헤매다 한 여인을 만났습니다. 달을 녹여 만든 듯 새하얀 살결을 가진 몽환적인 아름다움의 여인은 청년을 보고 희미하게 미소 지었고 청년은 그 순간 사랑에 빠져버렸습니다.

그 뒤로 매일 밤 청년은 여인을 찾아 나섰습니다. 달빛 아래서 빛나는 여인은 늘 청년을 미소로 맞아주었고 청년은 여인의 모든 것을 사랑했습니다. 실크처럼 부드럽게 물결치는 아름다운 머리카락, 티끌 하나 없는 우유같이 하얀 피부, 사슴처럼 긴 목과 그 목을 세련되게 장식하고 있는 빨간 리본까지.

여인과 함께 있으면 시간이 가는 줄도 몰랐습니다. 밤은 순식간에 지나갔고 동이 틀 무렵 떠나는 여인의 뒷모습을 보며 청년은 매일같이 밤이 되기만을 손꼽아 기다렸죠. 꿈같은 나날을 보내던 청년은 어느 날 여인에게 자신의 사랑을 고백하고 청혼했습니다.

거절할 줄 알았던 여인은 뛸 듯이 기뻐하며 승낙했고 두 사람은 푸르스름한 달빛 아래에서 기쁨을 나누었습니다. 믿기지 않는다며 웃는 청년에게 여인은 다만 결혼하기 전에 한 가지 부탁이 있다고 말을 꺼냈습니다. 한 가지 부탁이라니, 백 가지라도 해도 된다며 호탕하게 외치는 청년에게 여인은 묘하게 눈을 빛내며 말했습니다.

"무슨 일이 있어도 내 목에 있는 빨간 리본은 풀지 말아주세요."

사랑하는 아름다운 여인과 평생 함께할 수 있는데 빨간 리본 따위가 무슨 상관이란 말입니까? 청년은 그런 것쯤이야 당연히 들어줄 수 있다며 가슴을 탕탕 치며 약속했습니다. 오, 하지만 사람의 호기심이란 사랑도 이기는 법이지요. 여인이 그렇게 말을 한 뒤로 청년의 눈은 이전까지만 해도 별로 신경 쓰지 않았던 목에 매인 리본으로 자꾸 옮겨 갔습니다.

다가오는 결혼식에 대한 기쁨도, 사랑하는 연인의 달콤한 입맞춤이 주는 행복도 불쑥불쑥 치고 올라오는 빨간 리본에 대한 호기심은 막을 수 없었습니다. 호기심이 어찌나 자라났는지 청년은 해가 떠 있는 낮에도, 일을 하면서도, 밥을 먹으면서도 그 빨간 리본을 풀면 무슨 일이 일어날 지 궁금해 했습니다.

결국 어느 날, 청년은 여인과 행복한 시간을 보내고 동이 터올 때, 등을 돌리고 떠나려 하는 여인의 목 뒤로 팔랑이는 빨간 리본으로 손을 뻗었습니다. 깊고 무거웠던 호기심이 무색하게도 청년의 손가락 사이에 잡힌 리본은 스르륵 풀려나갔습니다. '별 것도 아니잖아?!'라고 생각한 청년이 여인을 바라보았을 때, 청년은 깜짝 놀라 뒤로 넘어져버렸습니다. 왜냐면………, 빨간 리본이 풀려나가자 여인의 머리도 함께 몸에서 뚝 떨어져서 바닥을 데굴데굴 굴러가지 않겠어요! 풀밭에 떨어진 여인의 머리는 청년을 올려다보며 슬프게 말했습니다.
"내 목에 있는 빨간 리본은 풀지 말라고 했잖아요."

이 무서운 이야기는 서양 아이들을 위한 괴담책에 종종 수록되곤 하는 내용으로, 빨간 리본 대신 노란 리본이나 까만 벨벳 리본이 나오기도 하고 배경이 현대가 되기도 하지만 이야기의 맥락은 늘 같습니다. 남자가 목에 리본을 두른 여자와 사랑에 빠지고, 여자는 절대 리본을 풀지 말라고 하고, 남자가 호기심을 이기지 못하고 리본을 풀면 여자의 목이 떨어져 바닥을 데굴데굴 구르는 것이죠. 대개의 경우 여자의 머리가 왜 바닥을 구르는지에 대한 설명이 나오진 않지만, 나온다면 프랑스 혁명 당시 공포정치 시절에 단두대에서 머리가 잘린 여자의 영혼이라는 설명이 붙고는 합니다.

1789년 시작되어 프랑스뿐만 아니라 전 유럽을 새로운 시대로 이끌어간 프랑스 혁명 와중에 프랑스의 왕 루이 16세와 왕비 마리 앙투아네트를 비롯하여 수많은 사람들이 목숨을 잃었습니다. 1793년 가을부터 1794년 여름까지의 프랑스에서는 혁명가 로베스피에르를 중심으로 국민을 공포에 떨게 하여 정권을 장악하는 형태의 정치인 공포정치가 벌

창대에 꽂힌 귀족들의 머리를 들고 거리를 활보하는 군중들.

어졌습니다. 공포정치를 프랑스어로 '라 테러(la Terreur)'라고 하는데 여기서 테러리즘, 테러리스트 등의 단어가 파생되었습니다. 지금 우리가 쓰는 말들이 이렇게 옛날에서 비롯되었다는 것이 흥미롭지 않나요?

아무튼, 이런 단어들이 생길 정도니 공포정치가 어떻게 실현되었는지 짐작이 가시죠? 정부에 반대하는 사람들은 감옥에 갇히고, 고문당하고, 총살을 당하거나 단두대에서 처형당했습니다. 죽은 뒤에는 목을 창대에 꽂아서 들고 다니는 일도 흔히 일어났죠. 망자에 대한 예우 같은 것은 찾아보기 어려웠습니다.

공포정치가 벌어졌던 11개월여 동안 프랑스 전역에서 이로 인해 죽은 사람은 3만 5,000~4만여 명이었습니다. 그중 1만 7,000여 명이 단두대에서 목숨을 잃었고 그 밖에 다수는 춥고 습기 찬 감옥에서 옥살이를 하다가 견디지 못하고 세상을 떠났습니다. 당시 프랑스 사람, 특히 왕족이나 귀족이라면 멀거나 가까운 가족친지 중에 한두 명쯤은 단두대에서 세상과 작별한 사람이 있기 마련이었죠. 죽은 사람이 너무 많아 사회적 파장을 일으킬 정도였고 그래서 이 짧다면 짧은 공포정치는 정치나 경제 외에도 패션과 문화에 영향을 미치고 그 흔적을 오늘날까지 남겼습니다.

망자를 추도하는 수많은 방법 가운데 당시 유족들이 고른 것은 아주 특이한 방법이었습니다. 그 이름은 '망자의 무도회'였죠. 망자의 무도회라니, 왠지 유령들이 둥둥 떠다니는 으스스한 파티가 떠오르는 이름이네요. 이 무도회에 초대받기 위해서는 한 가지 조건이 있었습니다. 그것은 바로 가까운 가족이 단두대에서 죽었어야 한다는 것이었죠. 소름끼치는 조건이죠. 이 무도회가 실제로 있었는지, 아니면 그저 도시괴담일 뿐인지에 대해서는 학자들마다 의견이 다르지만 적어도 이 이야기는 최소 19세기부터 전해 내려오고 있습니다. 19세기 영국의 유명한 평론가인 토머스 칼라일의 프랑스 혁명에 관한 책에도 이와 관련된 문구가 나옵니다.

> 수많은 종류의 무도회 중에, 성격 급한 독자들은 이 한 가지만 보면 될 것이다. 사람들이 망자(피해자)의 무도회라 부른 무도회를 말이다. 참석자들은 파티복을 입은 왼팔에 검은 상장을 둘렀고 참석하기 위해서는 공포정치 아래에서 친지를 잃은 피해자여야만 했다. 망자에게 평화를, 그들을 추모하며 춤을 춥시다![주13]

망자의 피가 뚝뚝 흐르는 듯한 드레스를 입고 죽은 이를 위한 위로의 춤을 춥시다.

전하는 이야기에 따르면 죽은 자의 아들이나 아버지가 주로 열곤 했던 이 무도회에 참석하기 위해서는 초대장을 받아야 했고 그 초대장을 구하기가 워낙 힘들어서(뭐, 일단 가장 기본적인 조건으로 가족 중 적어도 하나가 단두대에서 죽어야 하니까요!) 초대장을 위조하는 경우도 있었고 많은 돈을 내고 초대장을 얻기도 했습니다.

그럼 우리가 초대장을 하나 받았다 치고 생각해봅시다. 무도회에 초대를 받았으니 그 자리에 어울리는 옷을 골라 입어야 할 텐데요. 신데렐라는 요정 대모가 다 알아서 해줬지만 우리에겐 요정 대모도 없고, 이 무도회는 평범한 무도회가 아닙니다. 자고로 파티에 가려면 드레스 코드를 맞춰야죠. 이 무도회의 일반적인 드레스 코드는 단두대 피해자를 생각해보면 쉽게(?) 맞출 수 있습니다. 일단 잘린 목을 상징하는 빨간 리

남녀 할 것 없이 머리를 짧게 자르는 것이 유행했고 이런 숏커트는 로마 황제 이름을 따서 '티투스 머리'라고 불리거나 단두대에서 사망한 이들을 기리며 '망자의 머리' 또는 '단두대 머리'로 불렸다.

본을 목에 묶고, 더 멋을 부리려면 등이나 가슴에 그 끈을 X자로 교차시켜 묶기도 했습니다. 그리고 단두대에 오르기 전에 목이 잘 보이도록 하기 위해 짧게 잘랐던 헤어스타일을 생각하여 무도회 참석하는 여자나 남자 역시 머리카락을 짧게 잘랐습니다. 이걸 (단두대) 피해자의 헤어스타일이라고 부르기도 했습니다.

또는 사형집행인에게 큰돈을 지불하고 겨우 얻어낸, 죽은 가족이 단두대에 오를 때 입고 있던 피투성이의 옷을 입기도 했습니다. 단두대에서 죽을 때 목이 '덜컥' 하는 것을 흉내 내어 무도회에서도 우아하게 허리를 굽혀 절을 하는 대신에, 목만 재빨리 까딱하는 인사를 하기도 했다고 합니다.

프랑스의 단두대 머리 스타일은 유행이 되었고 얼마 후에는 영국 여성들도 단두대 머리를 흉내 내어 뒷머리를 짧게 커트했다.

여성에게 춤을 청할 때면 남자들은 머리를 날카롭게 아래로 까딱하여 목이 잘리는 것을 흉내 내기도 했다. 춤을 추고 시시덕거리며 그들은 아버지들과 어머니들의 죽음을 섬뜩하게도 자세히 따라하며 애도했다. 주14

죽은 어머니의 피에 젖은 드레스를 입은 망명한 후작의 딸과 그녀의 어머니를 단두대로 보낸, 1793년 국민공회 의원의 아들이 우아한 '숄의 무도(Pas de chale)'에 맞추어 춤을 추는 것 같은 일이 자주 일어나고는 했다. 주15

죽은 자를 위로하고 기리는 이 무도회에서는 이처럼 새로운 권력자의 딸이나 아들이 부모님의 피 묻은 옷을 입은 옛 귀족의 아들딸과 손을 잡고 춤을 추기도 했습니다. 만약 이 무도회들이 정말로 존재했다면 이곳은 세대가 교체되고 옛날의 영광이, 눈물과 절망이, 춤과 노래 속에서 새로운 시대와 융화되는 상징적인 자리였겠죠.

그 외에도 단두대에 올라 거대한 칼날에 목이 잘려나갔던 사람들을 기리고 기억한다는 의미로 여자들은 목에 까만 끈을 묶곤 했습니다. 목에 딱 맞게 묶은 까만 끈이라니 왠지 익숙한 패션 아이템이 떠오르지 않으시나요? 요즘도 종종 유행하는 초커 목걸이가 생각나실 텐데요. 유럽에서는 이러한 초커 목걸이가 바로 공포정치 때 희생자들을 기리는 의미에서 시작되었다고 합니다. 물론 초커 목걸이의 정의를 어떻게 하느냐에 따라 그 시작 역시 달라지긴 합니다.

섬유 끈으로 목을 묶은 것만을 초커 목걸이라 하지 않고 짧고 목 주변을 타이트하게 둘러싼 금속이나 보석 목걸이까지를 초커라고 한다면 헨리 8세의 두 번째 부인이자 (아이러니컬하게도 역시 목이 잘렸던) 앤 불린도 목에 딱 맞는, 그 유명한 B장식 목걸이를 두르고 있으니까요. 그 전에도 짧은 목걸이는 얼마든지 있었으니 초커 목걸이는 훨씬 옛날부터 있었다고 볼 수도 있습니다.

> 이것이 프랑스를 넘어 인기를 얻은 '초커'라고 하는 목걸이의 시초라고도 한다. 이러한 패션은 공포정치 시대의 희생자들을 향한 연민을 상징하고 인간의 고통과 유한성을 인지하는 상징이기도 하다. 주16

만약 이처럼 끈을 목에 묶는 것이 인간의 유한성을 느끼고자 하는 철학적인 고뇌와 희생자들을 향한 연민으로부터 비롯되었다면 시간이 흐르면서 그 의미는 퇴색되어버린 것이 틀림없습니다. 왜냐면 1800년대

악명 높은 영국 왕 헨리 8세의 두 번째 부인으로, 사슴처럼 긴 목이 무척 아름다웠던 앤 불린의 목에 걸려 있던 유명한 B장식 목걸이.

에 들어서면, 목에 끈을 묶은 것은 매춘부의 상징이 되었거든요.

프랑스의 유명한 인상파 화가인 에두아르 마네가 1863년에 그린 「올랭피아」를 예로 볼까요? 마네는 「풀밭 위의 점심식사」나 「피리부는 소년」 등으로도 유명한 화가입니다. 곁다리로 말하자면 「올랭피아」의 모델은 「피리부는 소년」에서도 모델로서 영감을 주었다고 합니다. 마네는 신화 속의 이상적인 아름다움을 표현하려고 했던 당대의 다른 화가들과 달리 현대성, 즉 삶과 생활상을 「올랭피아」를 통해 표현하여 당시 사람들로부터 손가락질을 당하고 호된 비난을 받았습니다.

19세기 매춘부들 사이에서 혼한 가명이었던 '올랭피아'라는 제목이

마네의 「올랭피아」(1863).

붙은 이 그림을 보면 발가벗은 한 여인, '올랭피아'가 목에는 하얀 살결과 대비되는 까만 끈 목걸이를 두르고 있고, 발끝에는 벗겨질락말락하는 슬리퍼를 신고 있습니다. 뒤 배경에는 흑인 하녀가 남성 손님이 보내온 꽃다발을 들고 있지요.

혹시 지금 이 글을 읽으시면서 '얼마 전에 까만 초커를 샀는데 이런 뜻이 있었다니!'라고 생각하며 깜짝 놀라셨다면 놀라지 마세요. 한때는 프랑스 혁명이라는 거대한 역사의 물결 속에서 목숨을 잃은 희생자들을 기리는 의미로 춤을 추고 머리를 자르고 목걸이를 걸었던 것이 세월이 흐르며 한때는 매춘부의 상징으로 이용되기도 하고, 우아한 귀부인의 액세서리가 되기도 하며 이제는 클래식한 액세서리의 한 종류로 자리 잡았으니까요.

드가의 「스타」(1877).

    18세기부터 21세기까지, 드가의 그림 속 발레리나부터 디즈니의 신데렐라, 영화 「레옹」의 마틸다 등에도 등장했던 초커를 목에 걸게 되신다면 한번쯤 프랑스 혁명부터 내려온 그 역사와 함께 망자의 무도회를 생각하며 으스스한 기분에 젖어보세요.

살짝 더 은밀한 세계사 1

나의 것을 빼앗지 말아주오!

 이번 이야기는 아주 먼 옛날, 930년쯤에 일어났다고 전해지는 일화입니다. 오늘날 이탈리아 남부 지역인 베네벤토의 대공이었던 란돌프는 비잔티움 제국을 상대로 전쟁을 벌일 만큼 용맹(하달까, 간이 부었달까)한 남자였습니다. 처음에는 반란군들을 도와주고 그 후에도 현 이탈리아 남부 지역, 그리스 지역 등에서 계속 분란을 일으키고 다녔죠. 그런 란돌프를 돕겠다고 나선 남자가 있었으니, 바로 스폴레토 공작이었던 테오볼드였습니다. 테오볼드는 무려 1천 년이 지난 지금까지도 잔인하고 비도덕적인 남자로 알려져 있습니다. 하긴 물론 사람이 죽고 난 뒤에 시간이 얼마나 지났는지는 이미지를 바꾸는 데 별 상관이 없을지도 모르지요. 같은 이미지만 반복해서 재생산될 뿐일 테니까요.
 아무튼 테오볼드는 란돌프를 돕겠다고 전쟁터로 달려와서는 칼을 휘두르며 그리스 병사들을 포로로 열심히 잡아들였습니다. 그러더니 적

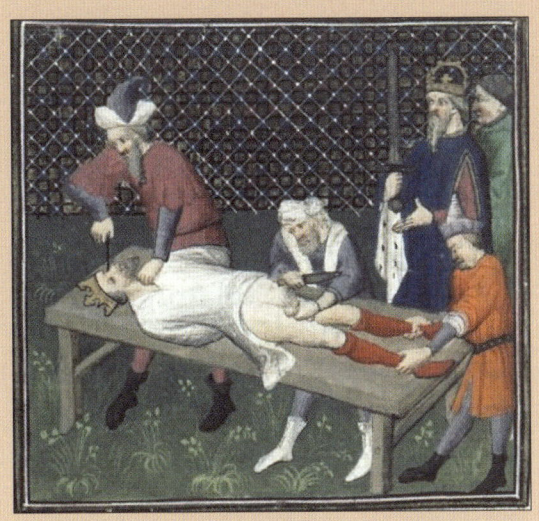
시칠리아 왕 글리엘모 3세는 왕위 다툼에서 패한 뒤 감금되었다. 그리고 고문을 당해 눈이 멀고 거세를 당했다고 전한다.

진에 잡혀 와서 벌벌 떨고 있는 그리스 병사들을 모두 거세시켜버렸죠. 테오볼드는 아주 잔인하게, 아무래도 그 어떤 의학적 도움이나 위생관리도 없이 병사들을 거세시킨 뒤 비웃는 전언을 포함해 병사들을 돌려보내라 명했습니다. 그가 첨부한 전언은 이랬습니다.

그쪽의 황제 폐하께서 내시들을 그토록 좋아하신다고 하니 몇을 보낸다. 최대한 노력하여 황제 폐하께 더욱 많은 내시를 제공할 수 있도록 하겠다.

그리스의 장군은 전투불능 상태가 되어 돌아온 거세된 병사들과 함께 날아온 전언을 듣고 기분이 어땠을까요. 아마 분노로 부글부글 끓었 겠죠?

그렇게 테오볼드가 신나게 거세를 위한 칼을 휘두르고 있었던 어느 날, 머리를 풀어헤친 한 여자가 오열을 하며 찾아왔습니다. 여인은 통곡을 하면서 테오볼드를 꼭 만나야 한다고 했고 테오볼드는 흥미가 동했는지 여인을 만나보았습니다. 그러자 여인은 테오볼드에게 절규하며, "나으리, 나으리처럼 뛰어난 영웅께서 왜 재미삼아 불쌍한 여인들을 상대로 전쟁을 벌이시나이까? 저희는 나으리께 아무런 해도 끼치지 않았잖습니까?"라고 말했습니다.

테오볼드는 몹시 당황하여 답했습니다.

"아마존족이 있던 이후로, 그 누구에게서도, 여자와 전쟁을 벌였다는 얘기를 들은 적이 없다!"

그러자 여자가 울며 말하기를 "그렇다면 어째서 저희에게 직접 공격을 가하십니까? 어찌 가장 중요한 급소에 상처를 입히십니까? 남편들의 모든 신체 부위 중에서 저희가 가장 아끼고, 즐거움을 얻고, 자식의 희망을 보는 그 부위를 앗아가는 것보다 더 잔인한 선전포고가 어디 있습니까? 며칠 전 나으리께서 소와 재산을 다 가져가실 때도 저는 불평 한마디 하지 않았습니다. 하지만!"

그러더니 여자는 눈을 들어(!) 공작의 눈을 똑바로 노려보았습니다. 죽을 각오를 단단히 한 모양이지요.

"나으리께서 지금 이 많은 여자들로부터 앗아가는 재산은 결코 돌이킬 수 없는 재산입니다. 그러니 마땅히 하늘과 땅에 고하여 정의를 요청하는 바입니다!'

묘하게 논리적이면서도 황당한 여자의 말에 주변 사람들은 모두 웃었다고 합니다. 하지만 테오볼드는 여자의 말에 크게 감탄하여 포로로 잡힌 채로 마누라가 공작 앞에서 소리치는 모습을 벌벌 떨며 바라보고 있던 남편을 포함하여 여자로부터 빼앗았던 모든 재산을 돌려주었습니다. 당차게 공작 앞에서 소리쳤던 아내는 그토록 소중한 부위가 아직 몸에 붙어 있는 남편을 얼싸안을 수 있었습니다. 잠시 후, 집으로 돌아갈 채비를 하고 있는 여자에게 테오볼드는 마지막으로 물었습니다.

"만약 네 남편이 또 전쟁에 참전하여 내가 그를 다시 포로로 잡게 되거든 그때는 내가 무슨 벌을 내려야 네가 찬성하겠느냐?'

여자는 주저하지 않고 답했습니다.

"만약 그런 불운한 일이 또 일어난다면, 남편에겐 눈도 있고 코도 있고 손과 발도 있습니다. 그것들은 남편의 것이니 자기가 저지른 죗값으로 낼 수 있겠지요. 하지만 나으리, 부디 적법한 제 소유물인 그 부위만큼은 남겨주시길!'

그 뒤로 저 남편은 어떻게 살았을까요? 아내 덕분에 전쟁터에서 소중한 부위도 잘 보존한 채로, 모든 재산까지 챙겨서 살아 돌아왔으니 평생 아내에게 충성을 맹세했으려나요?

7. '깜짝 선물'은 싫어요!

실피움에서 콘돔까지, 피임의 역사

어두운 밤, 달빛 아래 떨리는 손길의 남녀가 마주 보고 앉아 옷깃을 풀어헤치며 주고받는 입맞춤에서 달아오른 열기가 느껴집니다. 구경만 해도 침을 꿀꺽 삼키게 되는 이 상황에서 남자의 입맞춤에 바르르 떨던 여자의 머릿속에는 세상의 수많은 여자들이 살면서 수없이 하는 고민이 스쳐지나갑니다.

'임신하면 어떡하지?'

임신과 출산. 종족보존을 위해 필수불가결한 것이라지만, 아무 걱정 없이 자연의 섭리를 따라 성관계를 갖고 임신을 하고 출산을 하고 얼마간 새끼를 키우다가 독립시키는 동물들과 달리 인간은 단순히 번식을 하기엔 눈치 볼 일이 너무나 많은 것이 사실입니다. 그렇기에 인류가 사회를 이루고 규범이라는 것이 생겨난 아주 먼 옛날부터 사람들은 어떻게든 이 '깜짝 선물'을 받지 않으려고 안간힘을 써왔습니다.

물론 단순하게 생각하면 깜짝 선물을 받지 않으려면 선물받을 행동을 하지 않으면 되겠지만, 그게 어디 말처럼 쉬운 일인가요! 하지만 성관계를 통한 즐거운 쾌락은 누리면서도 선물을 안 받기란 참 힘든 일이었기 때문에 예부터 다양한 피임법들이 민간요법으로 전해 내려왔습니다. 그 방법들 가운데 몇몇은 오늘날까지도 사용되곤 하지만 대부분 그리 큰 효과는 없습니다.

오래된 피임법의 대표적인 예로는 질외사정이 있습니다. 무려『구약성서』「창세기」에까지 등장하는 질외사정은 가장 기본적이고 간단한 방법으로, 남성이 사정 직전 여성의 몸에서 성기를 빼내어 사정하는 방법이지만 오늘날에는 피임이라고 부르기도 민망할 정도로 피임 확률이 떨어지는 로또 수준의 피임법입니다.『구약성서』「창세기」에 등장하는 인물인 오난은 자신의 형이 자식 없이 사망하자 당시 관습대로 형수와 잠자리를 하여 아들을 낳아 형의 적자로 삼아야 했는데, 오난은 이를 거부하며 형수와 잠자리는 하되 질외사정을 통해 자식을 남기는 것은 막으려 하였습니다. 오난의 이런 행동은 야훼의 분노를 샀고 오난은 죽게 되지요. 그런 오난의 이름을 따서 현재까지도 질외사정, 자위행위(특히 남성의 자위행위) 등 정액을 외부에 버리는 행동을 오나니즘(Onanism)이라고 부르곤 합니다.

재미있는 것은 이 이후로는 중세에 이르기까지 질외사정에 관한 내용은 역사의 문헌들에서 잘 등장하지 않는데요, 그 이유를 둘러싸고 의견이 분분합니다. 오난이 질외사정을 한 뒤 신의 벌을 받았으므로 질외사정은 해서는 안 될 짓이라 생각했고 때문에 아무도 하지 않았다거나,

너무나 흔한 관습이었기 때문에 누구도 굳이 써둘 필요를 느끼지 못했다, 또는 질 속에 남겨진 정액으로 인해 임신이 된다는 지식은 교육받은 계층만이 알고 있었고, 그렇기 때문에 일반적인 관습은 아니었다는 주장 등이 있습니다.

어찌되었건 질외사정은 남성의 전적인 동의와 의지가 필요한 피임법이기에 남자만 믿다가 큰 코 다쳤던 여자들이 많았는지 여성이 주체적으로 행하는 피임 역시 함께 발달하였습니다. 고대 이집트에서는 탄산나트륨과 꿀에 무려 악어의 똥(!)을 섞어서 진득한 반죽을 만든 뒤 성관계 전에 여성의 질 안에 집어넣었습니다. 클레오파트라도 이 방법을 사용했다는 소문이 있을 정도로 널리 이용되었던 피임법인데요. 어떻게든 악어의 똥을 구해서 임신을 막아보려 했을 이집트 여인들에게는 안타깝게도 현대 의학의 연구 결과 악어의 똥 성분은 여성의 질 안을 알칼리성으로 만들기 때문에 피임이 되기는커녕 오히려 임신이 잘 되게 도왔을 것이라고 합니다. 그야말로 악어의 배신이군요.

레몬즙이나 석류즙, 수은, 생선즙 등에 적신 솜이나 아카시아 열매와 콜로신스(박과의 식물) 열매에 꿀을 섞어 만든 좌약을 질 안에 넣기도 했습니다. 아카시아와 콜로신스 열매로 만든 좌약의 경우, 악어의 똥과는 달리 실제로 아카시아 열매에는 피임 효과가, 콜로신스 열매에는 낙태 효과가 있어서 현대에도 중동의 여성들은 사후 피임을 위해 콜로신스 열매를 먹기도 한다고 합니다. 암염을 기름에 담가 질에 넣기도 했는데 암염 같은 경우 현대에도 사용이 가능할 정도로 높은 피임 효과를 보여주곤 합니다. 다만 피임도 피임이지만 여성의 건강을 생각하면 아무래도 좀 더 의학적으로 인정받은 피임법을 사용하는 것이 좋겠지요.

고대인들의 사랑을 책임졌던 실피움과 실피움 씨앗이 조각된 동전.

고대의 피임, 하면 절대로 빼놓을 수 없는 식물이 하나 있습니다. 한때 고대 그리스의 식민지였던 키레네 지역에서 자랐다는 이 식물의 이름은 실피움(silphium). 한때는 워낙 귀해 그 값이 같은 무게의 은과 맞바꿔질 정도로 비쌌던 실피움의 효과는 바로 피임이었습니다. 피임 효과가 대단했던 실피움을 재배하면 돈을 자루에 쓸어 담을 수 있을 것이 확실했기에 고대 그리스에서는 실피움을 재배하려 수차례 시도했지만 모두 실패했고 결국 야생에서 자라는 실피움을 수확해서 팔 수밖에 없었습니다. 실피움의 유명세 덕분에 키레네 지역의 경제는 실피움 수확과 판매가 대다수를 차지했고 그 시대의 동전에도 실피움과 실피움 씨앗이 조각되어 있을 정도였습니다. 실피움 씨앗이 우리가 흔히 생각하는 하트 모양이라, 여기서 사랑을 상징하는 모양이 나왔다는 주장도 있습니다.

실피움은 피임제로 폭발적인 인기를 끌었지만 결국 야생에서 자라는 양이 수요를 맞추지 못했고 당시 기후와 생태계 환경도 실피움의 성장에 도움이 되지 못한 탓에 점차 개체수가 줄어들기 시작했습니다. 1세기 무렵에는 더 이상 찾아보기가 힘들어졌고 2세기가 되자 완전히 멸종한 것으로 보입니다. 지구상에 남았던 마지막 실피움은 훗날 네로 황제에게 진상되었다는 이야기도 있답니다. 실피움이 멸종했기 때문에 정말로 실피움이 뛰어난 피임 효과를 가졌었는지는 알 길이 없지만 실피움을 구하기 힘들었던 사람들이 대체재로 썼던 식물인 아위(阿魏, Asafetida)의 경우 현대의 실험에 의하면 거의 100%에 가까운 사후 피임 성공률을 보였다고 하니 고대의 피임법이라고 무시할 수만은 없는 일이네요!

뱃속의 태아를 인간으로 볼 것인가, 하는 문제는 오늘날에도 큰 논란인데요. 고대에는 태아를 인간으로 보지 않거나 낙태에 그리 큰 죄책감을 갖지 않는 경우가 많아 낙태 자체가 피임법이기도 했습니다. 그렇다면 여성이 원치 않는 임신을 하게 되어 낙태하고자 할 경우 결정권은 누구에게 있을까요? 현대에는 그 권리를 산모가 가질 것인가, 아직 태어나지 않은 뱃속의 태아가 가질 것인가를 두고 팽팽한 논란이 계속되고 있는데, 고대에는 그 권리가 여자가 아니라 남자인 아버지나 남편에게 있었습니다.

> 후기 아시리아 법은 낙태 시술을 받은 여성에게 장대에 꿰어 죽이는 형벌을 구형했는데 이 법이 확연히 보호하고자 하는 것은 (태아가 아니라) 자신이 만들어낸 자식을 받을 남편의 권리였다. [주17]

남성 특히 고위 계급 남성들의 후계를 보존하기 위해 여성들의 낙태는 여성의 계급과 상황에 따라 벌금에서부터 당대 최고 형벌까지 구형

받을 정도였지만 별다른 방법이 없었던 여성들에 의해 낙태 시술은 자주 이용되었습니다.

역사 속에서 낙태가 된다고 주장하는 방법은 아주 많지만 그중 많은 이들이 애용한 것은 바로 효과가 있다는 약초 등을 차로 달여 마시는 것이었습니다. 원치 않는 임신을 했다면 그 사실을 주변에 알리고 싶진 않을 테니 의사를 찾아가는 것보다는 재료를 구해 달여 마시는 것이 더 은밀하고 쉬운 방법이었겠지요. 게다가 2세기의 그리스 의사인 소라누스는 낙태를 본격적으로 시술하기에 앞서 좀 더 부드러운 방법들을 일단 사용해보길 권장하기도 했고요. 예를 들면 마사지를 하거나 따뜻한 목욕을 하거나(낙태에 별로 도움이 될 것 같진 않군요), 약이나 약초를 달인 차를 마시는 것이었죠. 차의 재료로는 위에서 얘기한 실피움이나 콜로신스 열매 이외에도 서양관중 뿌리 등이 있었습니다.

서양관중 뿌리는 낙태요법으로 얼마나 자주 이용되었는지 프랑스어로 '창녀의 뿌리'라는 별명이 붙기까지 했습니다. 물론 차를 마시는 것이 성공하지 못하면 수술로 넘어갔는데 청결하지도, 의학적으로 검증되지도 않은 시술과 요법 탓에 수많은 여성들이 질병에 노출되고 불임이 되거나 심한 경우 목숨을 잃기도 했습니다. 이런 민간요법은 굉장히 위험하며, 최근까지도 고대로부터 전해진 민간요법을 믿고 따라했다가 낙태에 성공하기는커녕 목숨을 잃는 경우들이 있으니 절대로 따라하시면 안 됩니다.

피임을 이야기하는데 콘돔 이야기를 빼놓을 수는 없죠. 콘돔이란 단어 자체는 17세기에 이르러서, 그리고 놀랍게도 피임 용도로서의 사용은 현대에 가까워져서야 등장하지만 콘돔의 존재 이유 중 하나인 '사정시 정액의 이동을 막는' 용도의 물건은 고대 그리스 신화에서부터 등장합니다. 반인반수인 미노타우로스의 어머니 파시파에와 파시파에의 남편(이지만 미노타우로스의 아버지는 아닌) 미노스가 성관계를 가질 때면 미노스는 염소의 방광으로 만든 주머니를 파시파에의 질에 넣은 채로 사정을 했습니다. 미노스의 정액은 유독한 전갈과 독사로 가득했고 미노스의 연인들은 미노스와 밤을 보내면 죽기 십상이었기 때문에 아내를 보호하기 위한 장치였다고 합니다.

이것은 콘돔의 최초의 기록이라고 하지만 여성이 착용(?)했다는 점에서 콘돔보다는 여성용 피임기구인 페미돔으로 보기도 합니다. 또한 고대 이집트에서도 남성들이 성기 보호대를 착용했지만 이는 피임을 위한 것이라기보다는 복식의 하나이거나 신분을 나타내고 성병 방지와 위생을 위한 것이었습니다.

시간을 훌쩍 건너뛰어 16세기 유럽. 사랑을 나누고 싶은 모든 남녀들에게는 아주 커다란 고민이 있었으니, 그것은 바로 매독이었습니다. 수많은 성병 가운데서도 유독 악명이 높아 현대인들에게도 여전히 두려운 이름인 매독은 페니실린이 존재하지 않았던 과거에는 사형선고나 마찬가지였습니다.

전염성이 매우 높으며 환자와의 접촉으로 인해 주로 전염되는 매독은 초기에는 증상이 없다가 1기, 2기, 3기를 지나다보면 매독 바이러스가 내부 장기, 중추신경계 등으로 혈관을 타고 이동해 결국 사망에 이르게 되는 무시무시한 병으로 임산부가 매독 환자와 관계를 갖거나 매독 바이러스를 가진 채로 임신하게 되면 뱃속의 태아까지 매독에 걸리기도 합니다. 1943년부터 사용된 페니실린은 현재까지도 매독의 치료제

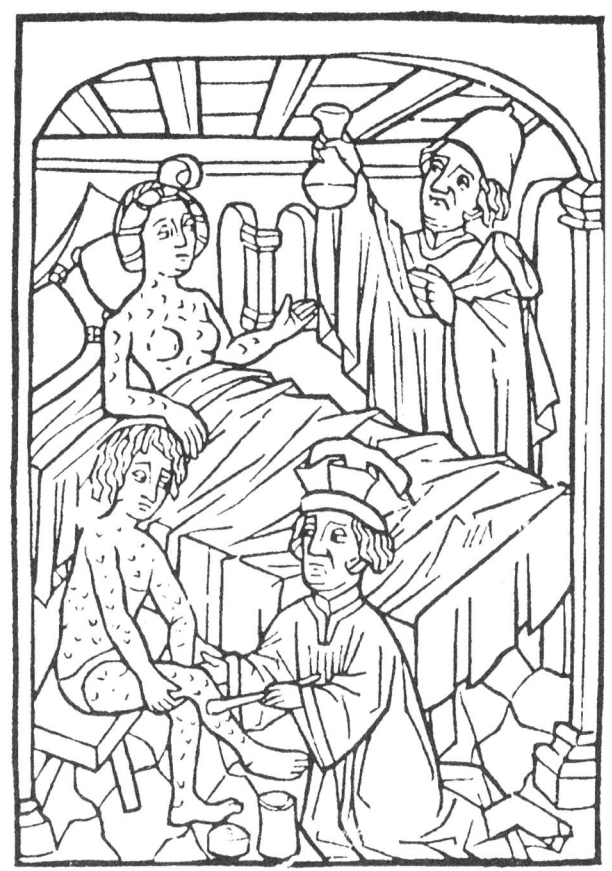

15세기 말, 의사들은 매독 환자들을 치료하려 노력했으나 페니실린이 사용되기 전까지는 그 무엇도 그다지 효과는 없었다.

로 쓰이는 약이지만 그 이전에는 매독에 걸리면 효과는 적고 부작용만 많은 수은 치료를 주로 하곤 했습니다. 결국 온몸에 반점이 생기거나 시력 상실, 얼굴 변형 등으로 고통받았고 완치를 바라기는커녕 그저 하루라도 더 살기를 바라며 신에게 기도하는 수밖에 없었습니다.

매독을 비롯하여 많은 성 관련 질병이 일반적으로 성관계 후 생식기에서 증상이 시작되었기 때문에 사람들은 성병을 피하기 위해선 성관계에서 직접 접촉을 피해야 함을 깨닫게 되었습니다. '그냥 안 하면 되지'라고 생각할 수도 있지만 그걸 하지 말라고 안 할 리가 없었으니, 피임 목적이 아니라 성병 예방 목적을 위해 남성 성기를 감싸는 형태의 리넨 주머니가 이용되기 시작했습니다. 초기 콘돔의 모습은 현재까지도 남아 있는데요. 오늘날의 콘돔과는 달리 씻어서 재사용했고 피임 효과를 기대하지도 않았으며, 실제로 효과가 있지도 않았습니다.

전 세계적으로 유명한 바람둥이, 카사노바 역시 콘돔을 즐겨 사용하였는데 이 역시 성병을 예방하기 위한 것이었습니다. 카사노바는 콘돔을 '영국산 승마복'이라고 불렀다고 하는데 왜 승마복이라고 했는지는…… 흠흠, 여러분의 음란마귀를 불러일으키면 이해하실 수 있으실 거라 믿어 의심치 않습니다! 피임을 위해서 카사노바는 자신만의 비법을 발견했다고 자랑하곤 했는데 그 방법은 바로 껍질을 벗기고 반으로 자른 뒤 즙을 약간 짜낸 레몬을 여성의 자궁경부 부위까지 삽입하여 스펀지처럼 이용한 것이었습니다. 정자는 산성 환경에서 힘을 잃기 때문에 나름 현명한 방법이라고 볼 수 있겠습니다.

콘돔이 피임 기구로 재조명을 받은 것은 1844년 이후 고무로 된 콘돔이 대량 생산되면서부터였습니다. 그 뒤로 콘돔은 놀라운 발전을 거듭하고 있는데요. 성병을 막는 데는 모든 피임 기구 중 최강의 효과를 자랑하고 있답니다. 마지막으로 콘돔이라는 이름의 유래에 대해 아주 유명한 설로 영국의 유명한 바람둥이 왕 찰스 2세의 궁정에 있었던 어의 콘돔 박사의 이름을 딴 것이라는 이야기가 있습니다. 분명 재미난 이야기일 수 있겠지만 아쉽게도 루머에 불과하답니다.

자신이 '영국산 승마복'이라 불렀던 콘돔에 바람을 불어넣고 있는 카사노바.

그 이후로도 원치 않는 '깜짝 선물'을 피하기 위한 인간의 노력은 계속되어 현재에는 21일 간 매일 먹는 경구피임약, 피임 패치, 콘돔, 루프, 정관수술, 성관계 이후 72시간 내에 먹어야 하며 낙태와 함께 생명 관련 논란이 있는 사후피임약 등 참으로 다양한 피임법이 사용되고 있습니다. 연인과 사랑을 나누며 가까워지는 것도 중요하겠지만 새로운 생명을 만들 수도 있는 일인 만큼 언제나 책임감을 가져야 하겠지요. 다시 한 번 말씀드리지만 지금은 검증되고 안전한 수많은 피임법들이 있으니 레몬이니 서양관중이니 하는 옛날 옛적 피임 및 낙태법은 절대로, 절대로 따라하시면 안 됩니다!

8. 친절한 낯선 이를 조심하렴!

다양한 변주를 거듭한 동화 「빨간 모자」가 전하는 교훈

이번 이야기는 서양 동화지만 누구나 내용을 잘 알고 있을 법한 이야기인 「빨간 모자」입니다. 빨간 모자, 빨간 망토, 빨간 두건 등 다양한 제목을 가지고 있고 때문에 삽화에서 빨간 '망토'의 길이 변화도 재미납니다. 그 밖에 「황금 모자」라는 변형도 있지요. 「빨간 모자」는 판본이 굉장히 다양하지만 이런저런 판본을 살펴보노라면 줄거리는 비슷비슷합니다. 대개는 결말에서 가장 큰 차이가 나지만 내용도 아주 조금씩이라도 차이가 있으니 재미나게 봐주세요. 우리가 아는 「빨간 모자」 내용을 간단히 요약하면 이렇습니다.

어린 아이가 경계심 없이 행동하여 자기 자신과 가족을 위험에 빠트리지만 누군가 구해주고 악당은 죽는다.

누군가 구해주는 부분은 훗날 덧붙여진 것이니 그 부분을 제외하고 이걸 더 간단하게 만들면 이렇게 됩니다.

어린 아이가 경계심 없이 행동하여 위험에 빠진다.

즉, 「빨간 모자」는 경계심 없이 행동하는 아이들에게 교훈을 주고자 하는 마음이 옛날부터 전해지는 이야기에 섞인 것이라고 볼 수 있습니다. 옛날에는 워낙 사나운 짐승들이 많았기에 맹수에게 어린 아이가 잡아먹히거나 위험에 처하는 상황은 민담이나 전설 속에 많이 녹아들어 있습니다. 호랑이가 많았던 우리나라는 '호랑이도 제 말하면 온다'라든가 '호랑이가 우는 아이 잡으러 온다' 등의 속담부터 "떡 하나 주면 안 잡아먹지~!"라든가 "엄마란다. 문 열어다오~!" 하는 아동 사기꾼 호랑이까지 호랑이들이 등장하는 얘기들이 많죠.

이처럼 밖에 도사리고 있는 공포를 아이들에게 동화의 형태로 들려주고 있는 「빨간 모자」는 프랑스에서 10세기 무렵부터 구전되었다고 합니다. 그중 가장 먼저 책으로 인쇄된 버전은 17세기에 샤를 페로가 쓴 책으로 동화 쪽에 관심 있는 분들이라면 한번쯤은 들어보셨을 『교훈과 함께하는 과거의 이야기들 : 마더 구스 이야기 *Histoires ou contes du temps passé, avec des moralités : Contes de ma mère L'Oye*』입니다. 제목대로 당시 이야기들에는 그 시대상에 알맞은 교훈이 삽입되어 있습니다.

그럼 1697년에 쓰인 샤를 페로 버전부터 변화하는 빨간 모자의 이야기들을 알아볼까요. 정말 다양한 버전들이 있지만 비슷비슷한 것들은 제외하고 변화가 도드라지는 것들로 정리해보았습니다. 결국 「빨간 모

'빨간 모자야, 어딜 그리 급하게 가는 거니?'

자」의 교훈은 소녀들에게 '세상의 모든 늑대들'을 조심하라는 내용입니다. 그러니 늑대를 성폭행범이나 살인마 같은 무시무시한 범죄자로 생각하고 보면 순식간에 동화가 「CSI 수사대」 같은 범죄 수사 드라마에 나 나올 내용으로 변하는 것을 느낄 수 있답니다.

옛날 옛적 어느 마을에 세상에서 가장 예쁜 작은 소녀가 살았어요. 소녀의 엄마는 아이를 매우 예뻐했고, 소녀의 할머니는 아이를 더더욱 예뻐했죠. 할머니는 아이에게 작은 빨간 망토를 만들어 주었어요. 이 망토는 아이에게 너무나도 잘 어울려서 사람들은 아이를 모두 빨간 망토라고 불렀죠.
하루는 아이의 엄마가 케이크를 만들고는 아이에게 말했어요.
"얘야. 가서 너희 할머니가 잘 지내시는지 보고 오렴. 몸이 아주 안 좋다고 하시더구나. 이 케이크와 버터 한 그릇을 갖다드리렴."
빨간 망토는 엄마의 말을 듣고 곧장 다른 마을에 살고 있는 할머니의 집으로 향하기 시작했어요. 빨간 망토가 숲을 지나고 있을 때 늑대를 만나게 되었어요. 늑대는 빨간 망토를 잡아먹고 싶었지만 근방에 나무꾼들이 있었기 때문에 감히 그러진 못했어요. 그래서 어디를 가느냐고만 물어보았죠. 순진한 빨간 망토는 이런 늑대의 마음도 모르고, 늑대가 말하는 것을 듣는 것이 위험하다는 것도 모르고 대답했죠.
"난 우리 할머니를 보러 가요. 우리 엄마가 만들어 보내는 케이크와 버터 한 그릇을 가져다드릴 거예요."
"할머니가 멀리 사시니?"라고 늑대가 물었어요.

'할머니께 케이크와 버터 한 그릇을 가져다 드리러 가요.'

"오, 그럼요." 빨간 망토가 대답했어요. "저기 보이는 저 방앗간 뒤예요. 마을의 첫 번째 집이에요." (여러분, 집 주소를 이렇게 다 알려주면 안 돼요!)

"그래," 늑대가 말했죠. "그럼 나도 가서 너희 할머니를 봐야겠다. 난 이쪽 길로 갈 테니 넌 저쪽 길로 가렴. 우리 둘 중에 누가 먼저 도착하나 내기하자."

늑대는 바로 최고 속도로 지름길을 달려갔어요. 아이는 약간 돌아가는 길에서 견과류도 줍고, 나비도 쫓아가고, 꽃다발도 만들면서 천천히 갔죠. 늑대는 곧 할머니 집에 도착했어요.

똑똑!

"누구세요?"

"할머니 손녀예요. 빨간 망토요!"라고 늑대가 빨간 망토 목소리를 흉내 내어 말했어요. "할머니 드리려고 엄마가 만든 케이크와 버터 한 그릇을 선물로 가져왔어요!"

착한 할머니는 몸이 안 좋아 침대에 있었기 때문에 소리쳤어요.

"끈을 잡아당기면 걸쇠가 올라갈 거야!"

늑대는 끈을 잡아당겼고 문이 열리자 곧장 할머니를 볼 수 있었어요. 사흘이나 굶주렸던 늑대는 펄쩍 뛰어올라 순식간에 할머니를 잡아먹어버렸죠. 할머니를 먹어치운 늑대는 문을 닫고 할머니의 침대로 기어들어갔어요. 잠시 후 빨간 망토가 도착했어요.

똑똑!

"누구세요?"

늑대의 목소리를 들은 빨간 망토는 처음엔 무서웠지만 할머니께

'빨간 망토야, 옷을 벗고 침대로 들어오렴.'

서 독감에 걸려 목소리가 변한 것이라고 생각하고는 대답했어요.

"할머니 손녀예요. 빨간 망토요! 할머니 드리려고 엄마가 만드신 케이크와 버터 한 그릇을 가져왔어요!"

늑대는 얼른 최대한 목소리를 가냘프게 하며 대답했어요.

"끈을 잡아당기면 걸쇠가 올라갈 거야!"

빨간 망토는 끈을 잡아당겼고 문이 열렸어요. 늑대는 빨간 망토가 들어오는 것을 보고는 이불 아래로 숨어서 말했어요.

"케이크와 버터는 탁자에 올려놓고 이리 와서 나와 함께 누우렴."

빨간 망토는 할머니 말을 듣고는 옷을 벗고 침대 안으로 들어갔어요. 그리곤 할머니가 잠옷을 입으니 무척 달라 보이는 것을 보고 깜짝 놀랐죠. (빨간 망토는 눈이 아주 나쁜 걸까요?)

"할머니, 팔이 무척 크네요!"

"널 더 잘 안기 위해서란다. 아가야."

"할머니, 다리가 무척 크네요!"

"더 잘 뛰기 위해서란다. 아가야."

"할머니, 귀가 무척 크네요!"

"더 잘 듣기 위해서란다. 아가야."

"할머니, 눈이 무척 크네요!"

"더 잘 보기 위해서란다. 아가야."

"할머니, 이빨이 무척 크네요!"

"널 먹기 위해서란다."

그리고 이 말을 한 늑대는 빨간 망토를 먹어버렸답니다.

교훈 : 어린이 여러분, 특히 좋은 집안의 매력적인 어린 아가씨들은 절대로 낯선 사람과 대화해서는 안 됩니다. 만약 얘기한다면 늑대에게 저녁거리를 주는 거나 마찬가지기 때문이죠. 늑대라 함은 모든 늑대가 같지 않고 세상에는 다양한 종류의 늑대가 있습니다. 참견하지 않고 못되지 않고 화도 내지 않으며 자상하며 친절하고 교육을 잘 받은 것 같은 이가 사실 집과 거리에 있는 어린 소녀들을 노리고 있기도 하지요. 세상에, 그리고 그런 신사 같은 늑대가 세상 모든 동물 중 가장 위험한 동물임을 모르는 이가 없지요! (이 교훈은 실제로 샤를 페로가 추가한 내용입니다) [주18]

1697년 출간된 샤를 페로의 「빨간 망토」 버전입니다. 매력적이고 좋은 집안의 아가씨들만 특히 낯선 사람을 조심해야 하는 건 아닌데 싶긴 하지만, 17세기에 너무 많은 것을 바라면 안 되겠죠. 어쨌거나 17세기의 「빨간 망토」 교훈을 보면 이 동화를 보고 아동 납치나 성폭행, 살인 등을 연상하는 것이 과장된 것이 아님을 알 수 있지요.

여자아이들만이 숲에서 늑대를 조심해야 하는 것일까요? 그럴 리가요! 어리고 연약한 남자아이들도 무시무시한 늑대들의 한입거리가 될 수도 있지요! 그래서 소녀가 아니라 소년을 등장시킨 1886년의 장 프랑수아 블라드(Jean-François Blade) 버전도 있습니다.

옛날 옛날에 5살 난 외동아들을 둔 남편과 아내가 살았습니다. 어느 날, 아들이 엄마에게 말하기를,

"엄마, 저 혼자 이모 댁에 놀러갈래요."

"안된단다, 애야, 넌 아직 혼자 가기엔 너무 어려. 커다란 숲을 통과해야 할 텐데 늑대가 널 먹어버리고 말 거야."

그러자 아들이 울기 시작했습니다.

"엄마, 전 정말 거기에 가고 싶어요. 전 커다란 숲의 모든 길을 알고 늑대는 절 먹지 않을 거예요!"

"그래, 알았다. 네가 그렇게 원하니, 가거라. 신께서 너를 악으로부터 보호하시길!"

결국 아이는 혼자 길을 떠났습니다. 커다란 숲의 중간에 도착했을 때, 아이는 사제복을 입고 성무일과서를 읽는 척하고 있는 늑대를 만났습니다.

"안녕하세요, 신부님."

"안녕, 애야. 어딜 가니?"

"저는 이모 댁에 가고 있어요, 신부님."

"네 이모께서는 어디에 살고 계시니, 애야?"

'할머니, 이빨이 무척 크네요!'

"저쪽에 살아요, 신부님, 커다란 숲의 맨 끝에, 작은 농장이 있는 곳이에요."

"오! 그 착한 부인 말이구나. 난 그 부인을 아주 잘 알지. 그녀는 내 교구 주민 중 하나란다. 매년 그녀는 내게 통통한 수탉들을 가져다주곤 하지. 내 대신 안부를 전해주렴."

"그러고 말고요, 신부님."

아이는 길을 따라 걸어갔고 늑대는 성무일과서를 계속 읽는 척했습니다. '잘됐군!' 늑대가 생각했어요. '가서 이모를 먹어버리고 조카도 먹어버리면 되겠어.' 늑대는 곧장 사제복을 벗어던지고는 농장으로 달려갔습니다.

똑똑—.

"누구세요?"

"조카예요, 이모!"

"줄을 당기면 걸쇠가 올라갈 거야!"

늑대는 줄을 당겼고 불쌍한 부인을 공격해서는 한 잔 정도의 피를 제외하고 모든 것을 먹어치워버렸습니다. 그 후 늑대는 죽은 부인의 보닛을 머리에 쓰고는 서둘러 침대로 들어갔고 곧 아이가 문을 두드렸습니다.

똑똑-.

"누구세요?"

"조카예요, 이모!"

"줄을 당기면 걸쇠가 올라갈 거야!"

아이가 방으로 들어왔습니다.

"이모, 안녕하세요!"

"얘야, 안녕. 아주 피곤하겠구나. 식탁 위에 있는 와인 한 잔을 마시렴. 새 와인이란다. 방금 땄어. 마시고 침대 안으로 들어오렴."

아이는 옷을 벗고 침대로 들어왔습니다.

"와 세상에! 이모 다리에 털이 엄청 많아요!"

"나이가 들어서 그렇단다, 얘야."

"와 세상에! 이모 눈이 엄청 빛나요!"

"널 더 잘 보기 위해서란다! 얘야!"

"와 세상에! 이모 이가 엄청 커요!"

"널 조각조각 부숴버리기 위한 거란다, 얘야!"

결국 늑대는 아이의 목을 졸라 죽이고는 먹어버렸습니다. [주19]

남자아이가 등장하는 빨간 모자는 (비록 빨간 모자를 남자아이가 쓰지는 않았지만) 처음 보신 분들이 많으실텐데요. 이 이야기에서 이전과는 다른 특이점, 혹시 눈치 채셨나요? 한 컵 정도의 피만 남겼다고 하더니 아이에게 한 컵의 와인을 마시라고 하는 부분에는 약간의 식인 모티브가 포함되어 있습니다.

그럼 더욱 적나라하게 식인이 추가된 버전을 한번 볼까요? 이탈리아와 오스트리아에서 전해 내려오는 내용인데요. 여기서는 늑대 대신에 신화에 자주 등장하는 식인귀인 오거가 등장한답니다. 오거는 흉폭하고 잔인한 괴물로, 서양의 도깨비 같은 존재입니다. 오거가 등장하고 식인을 하는 내용은 1867년에 오스트리아의 크리스티안 슈넬러(Christian Schneller)가 정리하였습니다. 이번 내용은 동화라고 하기엔 아주 잔인하답니다.

옛날 옛적에 빨간 모자라는 이름의 손녀를 두고 있는 할머니가 살았습니다. 어느 날 둘이 모두 들판에 있을 때 할머니가 말했어요.
"난 먼저 집에 갈 테니 넌 나중에 수프를 좀 가져오너라."
얼마 후 빨간 모자는 할머니의 집을 향해 가기 시작했어요. 가던 길에 오거를 만났죠.
"안녕, 귀여운 빨간 모자야. 어딜 가고 있니?"
"난 할머니께 수프를 가져다드리러 가고 있어."
"잘됐다." 오거가 말했어요. "나도 가야지. 넌 돌길로 갈 거니, 가

망토가 무척 잘 어울려서 사람들은 소녀를 '빨간 망토'라고 불렀습니다.

시덤불 길로 갈 거니?"

"난 돌길로 갈 거야." 소녀가 답했어요.

"그럼 나는 가시덤불 길로 가야겠다." 오거가 말했어요.

둘은 길을 떠났지만 빨간 모자는 아름다운 꽃들이 가득 피어 있는 계곡을 발견했고 마음에 드는 만큼 잔뜩 꽃을 땄어요. 그러는 동안에 오거는 서둘러 가시덤불 길을 달려 빨간 모자가 도착하기 전에 할머니 집에 들어갔죠. 그리곤 할머니를 죽이고, 먹고, 할머니의 침대로 들어갔어요. 들어가기 전에 할머니의 내장을 문 옆 줄 대신에 걸어놓고 부엌 찬장에는 할머니의 피와 치아와 턱을 올려놓았어요.

오거가 침대로 막 들어갔을 때 빨간 모자가 문을 두드렸어요.

"들어오세요."

오거가 축축한 목소리로 말했어요.

빨간 모자가 문을 열기 위해 줄을 잡아당겼을 때 자기가 뭔가 부드러운 것을 당기고 있다는 것을 깨닫고 소리쳤어요.

"할머니, 이 줄이 아주 부드러워요!"

"그냥 당기고 조용히 해, 네 할머니의 내장이니까!"

"뭐라고요?"

"그냥 당기고 조용히 하라고!"

빨간 모자는 문을 열고는 들어와 말했어요.

"할머니, 나 배고파요."

오거가 대답했어요.

"부엌으로 가서 찬장에 보면 쌀이 조금 남았단다."

빨간 모자는 부엌 찬장에서 치아를 꺼냈어요.

"할머니, 이거 너무 딱딱해요."

"먹고 조용히 해, 네 할머니의 이빨이니까!"

"뭐라고요?"

"먹고 조용히 하라고!"

얼마 뒤에 빨간 모자가 말했어요.

"할머니, 나 여전히 배고파요." (돌도 소화한다는 어린이의 강철 위장……?)

"찬장을 다시 보렴." 오거가 말했어요. "거기에 뼈가 붙은 고기가 두 덩이 있을 거야."

빨간 모자는 찬장에서 턱을 꺼내서는 말했어요.

"할머니, 이거 진짜 빨간데요?"

"먹고 조용히 해, 네 할머니의 턱이니까!"

"뭐라고요?"

"먹고 조용히 하라고!"

얼마 뒤에 빨간 모자가 말했어요.

"할머니, 나 목말라요."

"찬장을 다시 보렴." 오거가 말했어요.

"거기 와인이 좀 있을 거야."

빨간 모자는 찬장에서 피를 꺼냈어요.

"할머니 이거 진짜 빨간데요?"

"마시고 조용히 해, 네 할머니의 피니까!"

"뭐라고요?"

"마시고 조용히 하라고!"

얼마 뒤 빨간 모자가 말했어요.

"할머니, 나 졸려요."

오거가 대답했어요.

"옷을 벗고 침대로 들어와 내 옆에 누우렴."

빨간 모자가 침대로 들어가서는 말했어요.

"할머니, 털이 아주 많아요!"

"나이가 들다보면 그렇게 된단다."

"할머니, 다리가 아주 길어요!"

"걷다보면 그렇게 된단다."

"할머니, 손이 아주 길어요!"

"일하다보면 그렇게 된단다."

"할머니 귀가 아주 길어요!"

"듣다보면 그렇게 된단다."

"할머니, 입이 아주 커요!"

"그건 애들을 먹다보면 그렇게 된단다."

그 말과 함께 오거는 빨간 모자를 한 입에 먹어버렸답니다. [주20]

아니, 어차피 잡아먹을 거면 애한테 할머니 이빨이랑 턱뼈랑 피는 왜 먹게 한 걸까요? 졸지에 할머니를 먹게 된 애는 뭔 죄란 말입니까! 여기에서는 오거가 빨간 모자에게 식인을 하고 있다는 얘기를 하지만 그 외에도 굴뚝 위에 천사들이 나타나서 '어머, 쟨 자기 할머니를 먹고 있잖아!' 하는 버전도 존재합니다. 그런가 하면 식인과 함께 늑대인간이 등장하지만 결말이 조금 다른 프랑스 버전도 있습니다. 늑대인간이 등장하는 버전은 아쉴 밀리앙(Achille Millien)이 1887년에 '할머니 이야기'라는 제목으로 발표하였습니다.

옛날 옛날 한 마을에 빵 굽는 여인이 살았어요. 그녀는 자기 딸에게 말했죠.

"이 따뜻한 빵과 우유 한 병을 할머니께 가져다드리렴."

아이는 출발했어요. 길이 두 갈래로 나뉘는 곳에서 늑대인간을 만났죠. 늑대인간이 물었어요.

"어딜 가는 길이니?"

동서고금을 막론하고 신사처럼 친절한 늑대만큼 위험한 자도 없었다.

"할머니께 따뜻한 빵과 우유 한 병을 드리러 가요."

"어떤 길로 갈 거니?"

(이 다음부터는 소녀가 할머니집에 늦게 오는 것까지 다른 판본과 동일하니 생략할게요!)

먼저 할머니 집에 도착한 늑대인간은 할머니를 죽이고 할머니의 살점과 피 한 병을 식품 상자에 넣어두었어요. 빨간 모자가 도착해 문을 두드렸어요.

"문을 밀렴. 물 한 통이 문을 막고 있단다."

늑대인간이 말했어요.

"안녕하세요, 할머니. 따뜻한 빵과 우유를 가져왔어요."

"식품 상자에 두렴. 거기 고기와 와인이 있으니 먹도록 하렴."

소녀가 먹는 동안 집에 있던 고양이 한 마리가 말했어요.

"세상에, 저 멍청한 계집애가 제 할머니의 살을 먹고 할머니의 피를 마시네!"

"옷을 벗으렴, 아이야."

늑대인간이 말했어요.

"그리고 이리 침대로 와서 나와 함께 누우렴."

"앞치마를 어디에 둘까요?"

"불에 던져버리렴. 더는 필요 없을 거야."

그러자 아이는 드레스와 페티코트와 신발과 속옷과 스타킹 등 모든 옷을 벗으며 어디에 두어야 할지 물었지만 늑대인간은 계속 똑같이 대답했어요.

"불에 던져버리렴. 더는 필요 없을 거야."

그리고 아이는 침대로 들어와서는 말했어요.

"할머니, 털이 많아요!"

"따뜻하려고 그런단다, 아가야."

"할머니, 손톱이 아주 길어요!"

"등을 잘 긁으려고 그런단다, 아가야."

"할머니, 어깨가 아주 커요!"

"장작을 잘 나르려고 그런단다, 아가야."

"할머니, 귀가 아주 커요!"

"더 잘 들으려고 그런단다, 아가야."

"할머니, 코가 아주 커요!"

"담배를 잘 피우려고 그런단다, 아가야."

"할머니, 입이 아주 커요!"

"널 더 잘 먹으려고 그런단다, 아가야!"

"오, 할머니, 밖의 화장실을 가야 해요!"

"침대에다 하렴, 아가야."

"안 돼요, 할머니, 꼭 밖에 나가서 해야 해요."

"좋아, 하지만 오래 걸리면 안 된다."

늑대인간은 아이의 발에 실을 묶고는 나가도록 허락해주었습니다. 하지만 아이는 밖에 나가자마자 실을 나무에다 묶어버리고는 도망쳤죠. 늑대인간은 기다리다 지루해 소리쳤습니다.

"큰 걸 하고 있니? 큰 걸 하는 거니?"

아무 대답이 없자 침대에서 뛰어내려 확인해보고는 아이를 따라갔지만 아이가 집으로 쏙 들어간 뒤에야 아이를 따라잡을 수 있었습니다.[주21]

스토리에 급작스러운 변화가 생겼네요. 드디어 처음으로 빨간 모자가 살아남았습니다. 샤를 페로의 동화와 달리 오스트리아와 이탈리아의 이야기에서는 빨간 모자의 옷을 벗기면서 아이의 몸에 시선이 집중되게 됩니다. 특히 가해자가 늑대로 묘사되는 동물이 아닌 인간 형태의 괴물이기 때문에 좀 더 자연스럽게 아동 성폭행이 연상됩니다.

그럼 이제 우리에게 좀 더 익숙한, 그림 형제의 「빨간 모자」를 보면, 소녀와 할머니를 구해주는 사냥꾼이 등장합니다. 그리고 이제부터 동화는 아이를 위협하는 늑대에게 잔인해지기 시작합니다.

옛날 옛적에 아주 사랑스러워 모든 사람이 보기만 해도 사랑에 빠지는 여자아이가 살았습니다. 하지만 그중 아이의 할머니가 아이를 가장 사랑했지요. 그래서 할머니는 아이에게 빨간 벨벳으로 모자를 만들어주었고 이것이 아이에게 하도 잘 어울려 아이가 다른 것은 쓰지 않았기 때문에 사람들은 항상 아이를 '빨간 모자'라고 불렀습니다.
하루는 엄마가 빨간 모자에게 말했습니다.
"자, 빨간 모자야. 여기 케이크 한 조각과 와인 한 병이 있으니 할머니에게 가져다드리렴. 할머니는 아프고 약하니 이것들을 드시면 좀 기운이 날지도 몰라. 더워지기 전에 출발하렴. 길을 걸을 때는 착한 아이답게 조용히 걷도록 해라. 달려서 길을 벗어나지 말고. 그랬다간 넘어져서 와인 병이 깨질 테니 말이다. 그럼 할머니는 아무것도 못 드시겠지? 할머니 집에 들어가면 '좋은 아침이에요!' 하고 인사하는 것을 잊지 말고 인사도 하기 전에 여기저기 들춰봐선 안 된다." (역시 어머니의 잔소리는 시대를 초월하네요)
"예, 엄마. 말씀하신 것 모두 마음에 담고 행동할게요." 빨간 모자는 엄마에게 대답한 뒤, 손가락을 걸고 약속했어요.
할머니는 숲 속에 살았어요. 마을에선 30분이 걸리는 거리였죠. 빨간 모자가 숲에 들어섰을 때 늑대가 나타났어요. 하지만 빨간 모자는 늑대가 엄청나게 못된 짐승인지 몰랐기 때문에 무서워하지 않았어요.

"안녕, 빨간 모자야!"

"안녕, 착한 늑대야!"

"이렇게 일찍 어디를 가니, 빨간 모자야?"

"할머니한테 가!"

"앞치마엔 뭐가 들었니?"

"케이크랑 와인이 들었어. 어제는 빵 굽는 날이어서 우리가 어제 구웠거든. 우리 할머니가 좋은 식사를 하구 건강해지시라고 가져가는 거야."

"할머니가 어디 사시니, 빨간 모자야?"

"여기서 숲 안으로 1킬로미터 정도 더 가면 세 그루의 오크나무 밑에 집이 있어. 집 밑에는 견과류가 열리는 나무가 있는데, 어딘지 알지?" (낯선 늑대한테 집 주소까지 알려주고 있는 빨간 모자!)

늑대는 속으로 생각했어요. '아, 이 얼마나 말랑한 어린 것인가! 통통한 한입거리야. 이 어린 것은 할머니보다 훨씬 맛있겠군. 솜씨를 발휘해야겠어. 그래야 두 사람 다 먹을 수 있겠지.'

늑대는 빨간 모자의 곁에서 잠시 걷다가 말했어요.

"빨간 모자야! 저것 봐! 정말 예쁜 꽃들이야! 전부 한 번 둘러보는 게 어때? 게다가 너, 새들이 얼마나 예쁘게 지저귀는데 듣지도 않지? 이 아름다운 숲 속에서 너는 마치 학교를 가듯 지루하게 가는구나!"

늑대의 말에 빨간 모자는 눈을 들었어요. 나무 위에 햇살이 빛나고 사방에 예쁜 꽃들이 피어 있는 것을 보면서 빨간 모자는 생각했죠.

'할머니께 싱싱한 꽃다발을 가져다드리면 어떨까? 좋아하시겠지? 지금은 아주 이르니까 시간은 충분히 있을 거야.'

이렇게 생각하곤 빨간 모자는 길에서 벗어나 숲 안쪽으로 뛰어들어가 꽃을 따기 시작했어요. 꽃을 하나 딸 때마다 더 멀리에 더 예쁜 꽃이 있다고 생각했죠. 그렇게 빨간 모자는 점점 더 숲 깊숙이 들어갔어요. 하지만 그런 사이에 늑대는 곧장 할머니네로 가서 문을 두드렸죠.

"누구세요?"

"빨간 모자예요, 케이크와 와인을 가져왔어요. 문 열어주세요!"

"줄을 당기렴." 할머니가 말했어요. "난 너무 힘에 부쳐 일어설 수가 없구나."

늑대가 줄을 당기자 문이 활짝 열렸어요. 늑대는 아무 말도 하지 않고 곧장 할머니 침대로 가서 할머니를 단숨에 잡아먹었어요. 그리곤 할머니의 옷을 입고 할머니의 모자를 쓰고 할머니의 침대로 들어가 커튼을 쳤죠. 그러는 사이 빨간 모자는 숲을 돌아다니며 꽃을 모으고 있었어요. 더 이상은 들 수도 없을 만큼의 꽃다발을 들고서야 할머니 생각을 하고는 할머니 집으로 갔어요. 빨간 모자는 문이 열려 있는 것을 보고 깜짝 놀랐어요. 방 안으로 들어갔을 때 뭔가 이상하다고 생각한 빨간 모자는 혼잣말을 했어요.

"이것 참 이상한 걸, 기분이 무척 이상해. 다른 때는 할머니와 있는 것이 정말 좋았는데 말야."

빨간 모자는 소리쳤어요.

"안녕하세요. 할머니!"

하지만 아무도 대답하지 않았어요. 그래서 침대로 가 커튼을 들추고는 할머니를 보았죠. 모자를 눈까지 눌러쓴 할머니는 아주 이상해 보였어요! (아무래도 빨간 모자가 얼굴 인식을 잘 못하나 봐요!)

"오! 할머니, 귀가 왜 그렇게 커요?"

"네 말을 잘 듣기 위해서란다."

"하지만 할머니, 눈이 왜 그렇게 커요?"

"널 잘 보기 위해서란다."

"하지만 할머니, 손이 왜 그렇게 커요?"

"널 잘 안기 위해서란다."

"하지만 할머니, 할머니는 입이 왜 그렇게 무섭게 커요?"

"널 잘 먹기 위해서지!"

늑대는 이 말을 하자마자 단숨에 침대에서 펄쩍 뛰어올라 불쌍한 빨간 모자를 한입에 먹어버렸습니다.

자, 이제 무슨 일이 일어날까요? 아마 다들 '그야 당연히 사냥꾼이 나타나서 빨간 모자를 구해주겠지'라고 생각하실 텐데요. 그림 형제의 빨간 모자에도 여러 다른 버전이 등장합니다. 자, 이제 사냥꾼이 등장하였습니다.

지나가던 사냥꾼은 '아니, 나이 든 할머니께서 저렇게 코를 골 수가 있나? 뭐 필요한 것이 있으신지 어디 한 번 들여다봐야겠군!'

이라고 혼자 생각하였습니다. (코 고는데 나이는 아무 상관없는데, 아무래도 작가들에게 할머니가 없나 봐요!) 사냥꾼이 안을 들여다보자 침대 위에는 배가 불룩 나온 늑대가 정신없이 자고 있었습니다.

"드디어 찾았구나, 이놈!"

사냥꾼이 말했어요.

"아주 오랫동안 찾던 놈이로군!"

이라고 소리친 사냥꾼은 총을 들어 늑대를 겨눴고 총을 쏘아 늑대를 죽였습니다.

어떤 이들은 이 내용이 사실이 아니라며 사실은 이렇다고 말합니다. [주22]

자, 늑대와 함께 빨간 모자가 늑대 뱃속에서 죽어버렸습니다. 이런, 세상 빛을 보기는커녕 빨간 모자와 할머니가 늑대 뱃속에 있다는 것을 아는 사람도 없습니다. 너무나 허무한 결말이어서 그런지 그림 형제는 곧바로 또 다른 이야기를 준비합니다. 죽었다는 것은 사실이 아니라 진짜 이야기는 이렇다며 말이죠. 하지만 그 진짜 이야기로 가기 전에, 사냥꾼이 등장하는 또 다른 이야기를 보겠습니다.

배부르게 먹은 늑대는 침대에 누워 드르렁드르렁 코를 골기 시작했습니다. 지나가던 사냥꾼은 '아니, 나이 든 할머니께서 저렇게 코를 골 수가 있나? 뭐 필요한 것이 있으신지 어디 한 번 들여다봐야겠군!' 이라고 혼자 생각하였습니다. 사냥꾼이 안을 들여다보자 침대 위에는 배가 불룩 나온 늑대가 정신없이 자고 있었습니다.

"드디어 찾았구나, 이놈!"

사냥꾼이 말했어요.

"아주 오랫동안 찾던 놈이로군!"

사냥꾼이 늑대를 죽이려고 총을 들었다가 '할머니를 이제 막 먹었다면 아직 살 수 있을지도 몰라.'라고 생각하였습니다. 그래서 총을 쏘는 대신 가위를 들고는 잠자는 늑대의 배를 가르기 시작했어요. 그가 가위질을 두 번 하자 빨간 모자가 빛나는 게 보이기 시작했어요. 그리곤 두 번 더 가위질을 하자 빨간 모자가 폴짝 뛰어나오며 소리쳤어요.

"아, 너무 무서웠어요. 늑대의 몸 안은 정말 어둡거든요!"

그리고 나이든 할머니도 숨을 가쁘게 쉬긴 했지만 산 채로 나왔습니다. 빨간 모자는 커다란 돌멩이를 주워왔고 사냥꾼은 늑대의 뱃속에 돌멩이를 넣고 꿰매버렸죠. 잠에서 깬 늑대는 깜짝 놀라 도망치려 했지만 배가 너무 무거워 넘어지면서 데굴데굴 구르다 죽고 말았습니다.

그리고 세 사람은 모두 행복해졌답니다. 사냥꾼은 늑대의 가죽을 가져갔고 할머니는 빨간 모자가 가져온 케이크와 와인을 먹고 건강해졌으며 빨간 모자는 '내가 살아 있는 동안 앞으로 다시는 엄마 말을 어기고 길을 벗어나 숲으로 달려가지 말아야지.'라고 생각했어요. 주23

사람 둘을 상처 하나 안 나게 잡아먹다니 늑대가 아니라 코브라인 모양입니다. 게다가 가위로 잘라내는데도 안 깨어나다니, 아무래도 사냥꾼 가위에는 아주 강력한 마취약이 묻어 있는 것이 틀림없네요. 아무튼 사냥꾼이 등장했고 늑대의 배를 가르는 장면이 나왔습니다.

어릴 적에 읽었던 「빨간 모자」를 생각하면 우리가 기억하는 늑대는 배에 돌멩이가 들어가기는 하는데 그 뒤에 그냥 죽는 것이 아니라 보통은 물에 빠져 죽는 모습인데요. 이 다음 결말 부분은 총 맞아 죽은 늑대 얘기에도, 배에 돌멩이가 들어가 죽은 늑대 얘기에도 붙어서 등장합니다. 빨간 모자가 아예 죽거나 또는 아이가 '엄마 말을 잘 듣자!' 하는 교훈 이후로 거의 동일한 내용이 진행됩니다. 교훈 이후에 등장하는 버전으로 읽어보겠습니다.

얼마 후, 빨간 모자는 또 할머니를 위해 음식을 가져가고 있었어요. 그때 또 다른 늑대가 빨간 모자의 길을 벗어나게 하려고 노력했지만 빨간 모자는 곧장 할머니의 집으로 향했어요. 그리곤 도착해서 할머니께 늑대를 보았다고 했죠. 늑대가 자신에게 친절하게 인사했지만 아주 이상한 눈으로 쳐다보아서 만약 길을 벗어났다면 늑대가 먹어버렸을 거라고 말했습니다.

"이리 온," 할머니가 말했어요. "문을 잠가서 늑대가 들어오지 못하게 하자."

얼마 뒤, 늑대가 나타나 소리쳤어요.

"할머니, 저예요, 빨간 모자예요, 맛있는 케이크를 가져왔어요."

빨간 모자와 할머니는 조용히 있으면서 문을 열지 않았어요. 늑대는 두세 차례 집 주변을 둘러보다 지붕 위로 뛰어올랐습니다. 빨간 모자가 밤에 집에 갈 때까지 기다려서는 쫓아가 어둠 속에서 잡아먹겠다는 계획이었죠. 하지만 할머니는 늑대가 하려는 짓을 꿰뚫어보았어요. 집 앞에는 커다란 돌 구유가 있었어요. 할머니가 아이에게 말했어요.

"물통을 좀 가져오려무나. 빨간 모자야. 어제 내가 소시지를 삶은 물이 있으니 그걸 집 앞에 놓인 돌 구유에 부어두렴."

빨간 모자는 할머니의 말대로 커다란 구유가 가득 차서 찰랑거릴 때까지 물을 가져다 부었어요. 물에서는 소시지 냄새가 풀풀 났고 늑대는 곧 킁킁거리며 지붕 아래를 내려다보았죠. 목을 어찌나 뺐었는지 더 이상 중심을 잡지 못하고 결국 지붕에서 떨어져 구유에 빠져서는 익사하고 말았답니다. 그리고 빨간 모자는 행복하고 안전하게 집으로 돌아갔고 그 뒤로는 그 무엇도 빨간 모자를 해치지 않았어요.

드디어 우리가 어린 시절 본 물에 빠져 죽는 늑대가 등장하였습니다. 구유 외에도 우물이나 강물 등으로 변형되기도 하지만 물에 빠져 죽었다는 것은 동일하지요.

사냥꾼의 등장과 함께 숲의 무서움, 납치, 성폭행, 살인 등을 경고하던 빨간 모자의 이야기는 조금 다른 내용이 됩니다. 물론 숲의 무서움을 할머니와 빨간 모자가 잡아먹힘으로써 경고하고 있긴 하지만 사냥꾼이 등장하여 아이를 구할 때 '어두운' 곳에서 '빨간' 것이 등장하는 것이 추가되면서 해가 지면서 밤에 잡아먹혔다가 밤이 찢어지며 새벽이 오는, 하루를 상징하는 내용이 되는 것이죠. 오, 식인을 하던 동화가 갑자기 범우주적인 내용이 되었네요. 이처럼 빨간 모자가 태양을 상징하면서 빨간 모자가 아니라 황금 모자가 등장하기도 합니다.

빨간 모자 / 빨간 망토의 다양한 이야기들 재밌게 잘 보셨나요? 이야기들에서 빨간 모자와 빨간 망토를 바꿔가며 쓴 것은 해당 버전이 아이가 쓴 것을 모자라고 하는지 망토라고 하는지에 따라 바꾼 것이랍니다.

시대에 상관없이 모든 아이들에게 전하고자 하는 '엄마 말씀 잘 듣고 어두운 곳과 낯선 사람을 조심하라' 는 교훈을 담고 다양하게 변하고 발전되어 온 「빨간 모자」였습니다. 어른 말을 듣지 않으면 고통받을 것이라는 교훈, 또는 협박(?)은 여러 동화로 재생산되어 우리 곁에 남아 있습니다. 그중 아주 유명한 동화는 바로 『피노키오』죠. 피노키오 이야기가 궁금하신 분은 194쪽으로 넘어가보세요!

9. 회색 안개 속 어느 하녀의 잔혹극

영국을 뒤흔든 살인사건 '반스 미스터리' 이야기

 이곳은 산업혁명이 박차를 가하고 눈부신 경제성장을 거듭하고 있는 빅토리아 시대의 영국. 공장에서는 1대의 기계가 1,000여 명분의 일을 하는데 도시는 새로 상경한 수많은 사람들로 넘쳐나고 있었습니다. 기계보다 못한 노동력 취급을 받게 된 사람들은 쥐꼬리는커녕 개미 눈곱만도 못한 돈을 받고 일을 했고 복지라고는 눈을 씻고 찾아봐도 없었습니다. 어린 아이들이 일주일에 6일, 하루 19시간씩 일을 하며 허리 한 번 펴지 못하다가 죽거나 다치는 일이 부지기수였으며 그렇게 고생을 하며 온 가족이 나가서 돈을 벌어도 배부르게 밥 먹고 살기는 쉽지 않았죠. 그런 사이에 부유한 자는 더욱 더 등 따시고 배부르게 살다보니 빈부 격차는 점차 벌어져 갔습니다.
 급변하는 사회에서 범죄도 폭증하여 1800년에는 연평균 5,000여 건이었던 범죄는 1840년에 이르자 무려 2만 건에 달했습니다. 소매치기, 강도, 사기와 같이 예부터 있던 범죄부터 발전하는 과학으로 인해 다양한 독극물이 세상에 소개되었지만 그것을 금지하거나 통제하는 법률은 아직 존재하지 않아 새로운 독약을 사용해 사람들을 죽이는 살인자들도 우후죽순처럼 등장했죠. 게다가 언론이 빠르게 전국 각지에서 벌어진 범죄들을 독자들에게 전해주자 빅토리아 시대 사람들의 마음은 불안으로 요동쳤습니다. 심지어 당시 기사들은 글뿐만 아니라 실감나는 그림들도 함께 실었으니 잔인함에 대한 면역이 전혀 없는 상태에서 상상력은 자극되어 사람들은 더더욱 공포에 떨게 되었죠.

그런 공포심에 실체를 주는 존재들이 나타나니 이번에 이야기할 이는 바로 빅토리아 시대의 살인자입니다. 빅토리아 시대의 살인자라고 하면 지구 반 바퀴를 돌아 우리나라에서까지도 그 이름이 유명한 살인자, 잭 더 리퍼가 있겠습니다만 잭 더 리퍼 이야기는 다음에 또 하도록 하고 이번에는 잭 더 리퍼에 비견될 정도로 잔인하지만 이름이 덜 알려진 무시무시한 하녀, 케이트 웹스터에 대한 이야기입니다.

1879년 3월 2일의 런던. 어둑한 저녁, 시간은 8시 무렵이었습니다. 다들 저녁을 먹고 소파에 앉아 편안히 쉬고 있을 이 시간에 어느 집에서 두 여인이 다투는 시끄러운 소리가 들려 왔습니다. 잠시 후, '우당탕!' 하는 소리가 집안에 울려 퍼지더니 정적이 흘렀습니다. 바닥에 쓰러져 비명을 지르고 있는 한 여인의 위로 그녀와 다투던 다른 여인의 검은 그림자가 다가오더니 희고 차가운 손으로 쓰러진 여인의 목을 조르기 시작합니다. 쓰러진 여인은 발버둥을 쳤지만 소용이 없었습니다.

사건으로부터 30년 전인 1849년, 아일랜드에서 한 여자아이가 태어

빅토리아 시대 영국을 공포에 떨게 한 무시무시한 하녀, 케이트 웹스터.

났습니다. 아이의 이름은 캐서린 로러(Catherine Lawler)였고 대개의 아이들이 그렇듯 사랑받으며 행복한 어린 시절을 보냈으면 좋았으련만, 아쉽게도 캐서린의 어린 시절은 범죄로 가득 채워져 있었습니다. 아주 어린 나이일 때부터 캐서린은 소매치기, 절도, 매춘, 사기 등 다양한 범죄를 저질렀고 아일랜드에서 영국으로 건너올 때의 뱃삯도 남의 재물을 훔쳐서 낸 것이었습니다. 영국의 리버풀에서도 도둑질을 계속하던 캐서린은 15살 이후로 감옥을 들락날락하며 지내게 됩니다.

20대가 되어 감옥에서 풀려난 캐서린은 어느덧 키도 크고 체격이 건장한 성인이 되어 있었습니다. 런던으로 건너간 캐서린은 그곳에서 만난 사람들에게 자신은 예전에 웹스터라는 선장과 결혼해 아이도 넷이나 있다고 주장하며 자신을 케이트 웹스터라고 소개합니다. 정말 선장과 결혼했었는지, 아이가 넷 있었는지는 확인되지 않았습니다. 런던에

빅토리아 시대에는 집안일을 하는 고용인이 필수적이었다.

온 케이트는 정직하고 선량한 시민으로 새로운 삶을 살았을까요? 이 무시무시한 미스터리의 주인공이 된 것을 보면 그럴 리가 없겠죠.

빅토리아 시대부터 한동안 영국의 중산층 이상 집안에서는 필수적으로 집에 고용인을 두고는 했습니다. 19세기 말에 들어서는 인구의 무려 4% 가량이 중상류층 집안에 고용된 고용인들이었죠. 요리를 하고 집안을 청소하는 하녀가 가장 기본적이었기에 고용인들의 대부분은 여성이었으며 고용주의 집안에 돈이 있으면 있을수록 고용인의 수는 늘어나고 일은 세분화되었습니다.

케이트는 이처럼 하녀를 많이들 고용하던 시기에, 대도시인 런던에서 쉽게 일자리를 얻을 수 있었습니다. 하지만 케이트는 열심히 요강을 닦으며 한 푼 두 푼 돈을 모을 생각은 하지 않았고 하녀로서 조금 일하다가 주인 몰래 돈을 훔쳐서 새로운 직장으로 달아나버리는 일을 반복했습니다. 그렇게 이리저리 떠돌아다니며 살던 케이트 웹스터는 우리에겐 영화로 귀에 익은 장소인 노팅힐에 갔다가 새로운 남자친구 스트롱을 만납니다. 스트롱과 연애 후 케이트는 임신을 하지만 스트롱은 그녀의 임신과 출산 소식에 종적을 감추어버렸습니다. 케이트는 또 다시 남의 물건에 손을 댔고 꼬리가 길면 잡힌다고, 이번엔 경찰에게 덜미를 잡혔습니다. 갓난아기를 친구에게 맡기고 케이트는 3년 간 감옥으로 되돌아갔죠.

  1877년, 감옥에서 풀려난 케이트는 다시 이리저리 떠돌아다니면서 하녀 일과 도둑질을 계속합니다. 그러다 1879년 1월, 리치몬드에 있는 한 가정집에 들어가게 되지요. 집 주인은 줄리아 토머스 부인으로 혼자 살고 있는 54살쯤 된 과부였습니다. 토머스 부인은 케이트의 전과에 대해 전혀 알지 못한 채로 케이트를 만났습니다.

  곧 케이트는 토머스 부인의 하녀 겸 말동무로 고용되었고 두 사람은 처음에는 그럭저럭 잘 지내는 것처럼 보였습니다. 하지만 과부인 토머스 부인은 쉽게 화를 내고 신경질적인 성격에다 케이트가 하는 일에 사사건건 간섭을 하는 고용주였습니다. 케이트 또한 고분고분한 성격이 아니어서 토머스 부인이 비아냥거리며 간섭을 해오면 케이트 역시 살기등등한 눈으로 노려보며 반박을 했고 한 달여 만에 두 사람은 점점 사이가 나빠지게 됩니다. 결국 2월 말이 다가오자 토머스 부인은 하녀가 너무 무서워서 아주 못 쓰겠다며 케이트에게 해고 통보를 날렸습니다. 새로운 직장을 구하기에는 영 좋지 못한 시기였기 때문에 케이트는 아

케이트 웹스터와 줄리아 토머스 부인 사이는 시작부터 삐그덕거렸고, 최악의 악연으로 끝을 맺었다.

무리 그래도 이건 경우가 아니지 않느냐고 토머스 부인에게 따졌고 마음이 약해진 토머스 부인은 케이트가 주말을 보내고 3월 3일인 월요일에 떠날 때까지는 함께 지낼 수 있도록 허락해주었습니다. 하지만 토머스 부인은 케이트가 많이 무서웠던 모양인지 주변의 친구들에게 자기 집에 놀러와 자고 가지 않겠냐는 편지를 보내기도 했습니다.

어느덧 시간이 흘러 3월 2일, 일요일이 되었습니다. 다음 날이면 케이트는 토머스 부인의 집을 떠나야만 했죠. 토머스 부인은 일요일이면 예배를 드리러 두 차례 교회에 갔는데 케이트는 토머스 부인이 기다리고 있음을 뻔히 알고 있으면서도 술집에서 너무 오래 놀아서 토머스 부인은 저녁 예배에 늦고 맙니다. 어차피 내일 나갈 사람이니 화를 참았으면 결과는 달라졌을까요?

토머스 부인은 술 냄새를 풀풀 풍기며 돌아온 케이트에게 잔소리를 했고 케이트 역시 화를 터트리며 토머스 부인에게 소리를 질렀습니다. 기겁을 한 토머스 부인은 허둥지둥 교회로 가서는 사람들에게 자기 하녀가 어찌나 화를 내던지 너무나 놀랐다고 이야기했고 예배 내내 놀란 모습이었다고 합니다.

예배가 끝나고 집으로 혼자 돌아온 토머스 부인이 어떻게 되었는지는 케이트의 증언으로만 알 수 있는데요. 그녀의 증언에 의한 이후 상황은 이렇습니다. 토머스 부인은 집으로 돌아와 케이트와 마주칩니다. 두 사람은 다시 한 번 말싸움을 시작했고 점차 격해졌습니다. 토머스 부인이 방으로 올라가자 케이트는 부인을 따라가며 계속 다투었습니다. 두 사람 모두 분노를 터트리던 와중에 참다 못한 케이트가 토머스 부인을 계단 위에서 밀어버렸고 부인은 계단을 심하게 굴러 바닥에 쓰러졌죠. 바닥에서 아파서 비명을 지르는 토머스 부인을 본 케이트는 "문제가 생길까봐" 토머스 부인을 조용히 만들기 위해 그녀의 목을 잡아 토머스 부인을 제압했고 그 과정에서 목을 졸라 살해하였습니다.

하지만 훗날, 옆집에 사는 이웃이자 토머스 부인의 집 소유주이기도 했던 아이브스(Ives) 부인은 계단에서 뭐가 떨어지는 소리는 났으나 곧 조용해졌었다고 기억했습니다. 그 조용한 적막 속에서 케이트는 토머스 부인의 시신을 바라보며 생각에 잠겼습니다. 일단 일은 저질렀으니 시신을 치워야 하는데 어떻게 치우는 것이 가장 좋을까 하고 말이죠. 보통 사람이라면 놀라 허둥거리고 정신이 무너졌겠지만 케이트는 침착하게 시신을 처리하기 시작했습니다.

토머스 부인의 시신을 처리한 방법 때문에 케이트는 현재까지도 빅토리아 시대의 잔혹한 살인마로 기억되고 있습니다. 그러니 잔인한 것을 잘 못 보신다면 다음 문단은 건너뛰어주세요.

　케이트는 아침이 오기 전에 빨리 시신을 처리하기 위해 면도칼과 육류용 톱, 고기를 저미는 칼을 가져와서 토머스 부인의 시신을 해체하기 시작했습니다. 일단 머리를 면도칼로 몸에서 분리하고 배를 칼로 열고 내장을 꺼내 부엌의 화롯가에서 태웠습니다. 그리고는 나머지 몸은 칼과 면도칼로 살을 도려내고 뼈는 톱으로 대충 잘라내서 부엌으로 가져가 솥에 가득 담고 끓였습니다. 그렇게 열심히 익힌 시체 부위를 나무 상자에 꾹꾹 눌러 담기 시작했는데 상자가 너무 작아서 다 들어가지 못했습니다. 특히 오른발이 남아 있었죠. 케이트 웹스터는 오른발은 어딘가에 버리고 토머스 부인의 머리는 갈색 종이에 싸서 검은 가방에 넣어두었습니다. 그리고는 아주 힘든 노동(?)에 지쳐 쓰러져 잠이 들었죠. 오른발은 얼마 후 런던 남서부의 교외 지역인 트위크넘(Twickenham)의 한 농장에서 농부가 거름을 밭에 뿌릴 때 발견되었습니다. 발견한 농부는 정말 제대로 놀랐겠네요.

　3월 4일, 화요일 저녁. 런던의 다른 지역에 살고 있는 포터 씨는 자기 집에 와 있는 방문자를 보고 깜짝 놀랐습니다. 6년 전에 알고 지냈던 케이트가 아주 고상하고 비싸 보이는 드레스를 입고 찾아왔으니까요. 케이트의 말에 따르면 그녀는 그 사이에 결혼도 했고 사별도 했는데 결혼을 하면 남편을 따라 성이 바뀌는 문화에 따라 더 이상 웹스터가 아니라 토머스 부인이라고 불린다고 했습니다. 토머스 부인이라니, 소름 끼치죠. 그와 더불어 케이트는 이모가 최근 돌아가시면서 집을 물려받았는데 팔아야 할 것 같다며 부동산 업자를 소개해줄 수 있는지를 물어왔습니다.

포터 씨와 케이트는 담소를 나눈 후 포터 씨의 아들인 15살 난 로버트와 함께 케이트를 역까지 데려다주기 위해 집을 나섰습니다. 예의 바른 소년이었던 로버트는 '토머스 부인'이 된 케이트의 '검은 가방'을 대신 들어주었습니다. 부인이 들기에는 묘하게 무거운 가방이라고 생각하면서 말이죠. 검은 가방 안을 슬쩍 들여다보니 그 안에는 갈색 종이에 싸인 뭔가가 들어 있었습니다. 케이트는 이제 자기는 집을 팔고나면 몸이 좋지 않은 아버지를 뵈러 갈 거라는 이야기를 했고 세 사람은 길을 걷다가 잠시 술집에 들렀습니다. 셋이서 담소를 나누다가 케이트가 일어서더니 근처에 있는 반스(Barnes)의 친구 집에 잠깐 다녀오겠다며 검은 가방을 들고 나갑니다. 가방을 들어봐서 무겁다는 것을 잘 알고 있던 포터 씨는 아들 로버트가 들어주는 게 낫지 않겠냐고 제안했지만 케이트는 거절했습니다. 어둠 속으로 사라졌던 케이트가 돌아왔을 때 그녀의 손에는 더 이상 검은 가방이 들려 있지 않았습니다. 토머스 부인의 머리가 들어 있는 검은 가방은 어디로 사라졌을까요?

얼마 후 세 사람은 기차역으로 향했습니다. 그곳에서 케이트는 혹시 로버트가 자기와 함께 돌아가신 이모의 집으로 가서 짐 옮기는 것을 도와줄 수 있겠냐고 물었습니다. 친절한 포터 씨는 '아, 물론이죠!'라며 로버트를 케이트와 함께 보냈죠. 아무리 거의 다 자란 소년이라지만 아들을 야밤에 살인마와 함께 보냈다는 것을 훗날 알게 되었을 때 포터 씨의 심정이 어땠을까요?

케이트는 로버트를 데리고 진짜 토머스 부인의 집으로 가서는 돈과 수집품들을 보여주며 돌아가신 이모의 것이라 자랑하였습니다. 그리곤 로버트에게 상자 하나를 리치먼드 다리까지 들고 가달라고 부탁했죠. 로버트는 밧줄로 꽁꽁 묶인 나무 상자를 어렵지 않게 들어서 리치먼드 다리에 가져다주었고 케이트는 이곳에서 만날 신사분이 있다며 로버트에게 일단 기차역 쪽으로 걸어가고 있으면 사람을 만난 뒤에 곧 따라가겠다고 말합니다.

그 말에 로버트는 슬슬 역으로 걸어가고 있었습니다. 잠시 후, 길을 걷던 로버트는 뒤에서 '풍덩!' 하는 소리에 놀라 멈춰섭니다. 주변을 둘러보고 다시 걷기 시작하는데 곧 케이트가 로버트를 따라와서는 신사분을 만났으니 이제 기차역으로 가자고 합니다. 때는 밤 11시도 넘은 한밤중이었습니다. 요즘도 이 시간이면 대중교통이 거의 끊기는데 그때야 말할 것도 없었죠. 막차는 떠나가버렸고 케이트 웹스터는 로버트가 집에 갈 수 있도록 챙겨야 했지만 마음만큼은 아주 편했을 것입니다. 토머스 부인의 머리도, 몸도 전부 없애버렸다고 믿었을 테니까요.

아직 쌀쌀한 바람이 불던 3월 5일 아침이었습니다. 템스 강을 기분 좋게 지나가던 한 남자가 강가에 밀려온 나무 상자를 발견합니다. 어디서 온 상자일까, 보물이라도 들었을까, 싶었는지 남자는 가까이 다가가 상자를 둘둘 싸매고 있는 밧줄을 자르고 상자를 발로 걷어차 보았습니다. 상자 속에서 쏟아져 나온 것은 남자가 상상했을지 모르는 금화나 다이아몬드가 아니라 강물에 축축하게 불어 있는 끔찍한 고깃덩어리들이었습니다. 아침부터 간 떨어지는 기분을 제대로 느낀 남자는 아무래도 인간의 시체인 것 같다며 허겁지겁 경찰에 신고했습니다.

처음에 언론은 의대생들이 장난을 친 것 같다고 생각했지만 3월 12일 의사의 검안 결과, 의학이나 해부라고는 전혀 모르는 누군가가 아주 거칠게 사람을 조각냈음이 밝혀졌습니다. 상자 안에는 가슴 윗부분, 갈비

뼈 몇 대, 심장, 폐의 일부, 오른팔의 윗부분, 오른다리의 일부분, 왼발, 왼쪽 허벅지, 골반 일부, 자궁 등이 들어 있었고 맞춰보았을 때 1~2주 전에 사망한 50~60대의 여성임이 밝혀졌습니다. 그러나 시신이 정확히 누구인지는 알 수가 없었죠. 머리가 없었으니까요. DNA 검사가 없었던 시절이기에 머리 없는 피해자의 신원을 도저히 알 수 없었고 그러므로 누가 가해자인지도 알 수 없이 그렇게 '반스 미스터리(The Barnes Mystery)'가 시작되었습니다.

그러는 사이에 케이트는 토머스 부인 행세를 하며 포터 씨가 소개시켜준 처치 씨를 만나게 됩니다. 처치 씨는 케이트를 이모로부터 집을 물려받았지만 아픈 아버지를 위해 다 처분하고 떠나려 하는 선량한 토머스 부인이라고 믿어 의심치 않았고, 케이트가 처치 씨에게 팔아넘기려 한 가구들을 설명하면서 두 사람 사이에는 핑크빛 로맨스가 피어오르기 시작합니다. 그 후로 케이트는 한동안 아주 즐거운 시간을 보냅니다. 친구에게 맡겨놓았던 아들도 데리고 오고 처치 씨에게 가구도 팔기로 계약하고 처치 씨의 가족과 포터 씨까지 함께 보트를 타고 소풍을 즐기기도 했죠. 처치 씨는 케이트와 데이트를 하고 케이트에게 귀걸이를 선물로 사주기까지 했습니다. 하지만 이런 살인자의 봄날도 잠시, 얼마 후 처치 씨가 사기로 한 가구를 나르기 위해 짐꾼을 고용하고 케이트의 집으로 왔을 때 일은 벌어졌습니다.

케이트의 지시에 따라 가구들이 착착 실리고 있을 때, 이 광경을 본 옆집의 아이브스 부인은 호기심에 나와 보았습니다. 그리곤 케이트에게 토머스 부인은 어디 갔느냐고 물었죠. 케이트는 냉큼 '모른다, 지금 집에 없다, 하지만 토머스 부인이 물건을 판 것이다'라고 대답했지만, 아

고용주를 잔인하게 살해하고 템스 강에 시신을 던져버린 하녀의 이야기에 언론은 무척 떠들썩해졌다.

이브스 부인의 질문을 들은 사람들은 케이트가 집 주인이 아니라는 것을 눈치 챘고, 가구를 옮기는 것을 거부했습니다. 케이트가 아들을 챙겨야 한다며 사라져버리면서 대부분의 사람들은 '참 별 일도 다 있네!' 하고 잊어버렸지만 처치 씨의 부인은 케이트가 짐을 옮길 때 던져두었던 토머스 부인의 옷 속에서 편지를 하나 발견합니다. 편지는 토머스 부인의 친구에게 보내는 것이었기에 처치 씨와 포터 씨는 그 친구를 찾아갔고 케이트 웹스터가 명백히 토머스 부인이 아니며 토머스 부인은 사라져버렸다는 것을 깨달은 남자들은 경찰서를 찾아갑니다.

이때는 경찰이 템스 강에서 발견된 50대 여성 시신의 정체를 밝히려 하고 있을 때였습니다. 사라진 50대 부인과 강에서 나타난 50대 여성의 시신이라니 누가 봐도 의심스럽습니다. 경찰은 신고를 받은 다음 날 서둘러 토머스 부인의 집을 조사했고 부인의 집에서 도끼, 칼, 톱 등과 화롯가에 남아 있는 타다 만 사람의 뼈, 게다가 템스 강에서 발견된 상자의 손잡이까지 발견합니다. 케이트 웹스터는 이미 아일랜드로 달아난 뒤였지만 아일랜드 경찰은 케이트 웹스터를 3월 28일에 체포했고 그녀는 영국으로 다시 끌려오게 됩니다.

케이트는 살인 혐의에서 벗어나기 위해 발버둥치면서 사실 처치 씨가 살인을 저질렀고 자신은 연인을 도와준 것뿐이라고 했지만 처치 씨가 너무나 확실한 알리바이가 있자 이번에는 포터 씨가 살인을 저지른 것이라고 주장했습니다. 하지만 포터 씨 역시 확실한 알리바이가 있었죠. 케이트의 말 한마디에 처치 씨는 체포되기까지 했으니 사람 한 번 잘못 만났다가 간담이 서늘해졌겠네요.

1879년 7월 2일. 케이트 웹스터의 재판이 시작되었습니다. 케이트의 변호인은 다시 한 번 처치와 포터에게 누명을 씌우려 했다가 실패했고 검사 측은 살인이 일어나기 훨씬 전인 2월 28일, 케이트가 이모가 돌아가셨다는 얘기를 했다는 증언을 모자 가게 점원으로부터 받아 케이트의 주장대로 우발적인 살인이 아닌, 계획적인 살인이었을 것이라 하였습니다. 변호인은 사실 토머스 부인은 살해당한 것이 아니라 자연사였다고 주장했지만 그렇다면 사망한 부인을 그 하녀가 굳이 목을 자르고 온몸을 토막 내서 강에 버렸다는 소리니 말도 안 되는 것이었죠.

이 재판에서 가장 큰 쟁점은 그 시신이 정말로 토머스 부인의 것인가, 하는 것이었습니다. 여전히 머리는 찾을 수가 없었으니까요. 물론 케이트 웹스터가 처치 씨가 죽였다고 주장하면서 토머스 부인이 죽은 것을 '보았다'라고 했고 토머스 부인은 3월 2일 이후로 나타난 적이 없으며 3월 5일에는 토머스 부인의 집에서 나와 다리로 운반된 상자에서 50대 여성의 시체가 발견되었고 케이트 웹스터는 이 시기부터 갑자기 자신이 토머스 부인이라고 주장했으며 서둘러 아일랜드로 도망을 간 점을 보아서는 의심의 여지가 없었지만 역시나 시신의 머리가 없으니 100% 확실한 것은 아니었습니다.

하지만 결국 재판은 7월 8일에 판결이 났습니다. 케이트 웹스터는 진범은 자기 아이의 아버지인 스트롱이라고 주장했지만 그다지 효과는 없었고, 배심원들은 1시간 만에 만장일치로 유죄 평결을 내렸습니다. 죽기는 싫었지만 언론을 통한 유명세는 무척 즐겼던 케이트는 재판 때문에 모여든 사람들을 보고 웃으며 즐거워했다고 합니다. 판결은 번복되지 않았고 케이트 웹스터는 죽기 전날에야 자기 혼자서 토머스 부인을 어떻게 죽였는지 털어놓았으나 이전의 수많은 거짓말들을 보면 그것 또한 모두 진실일 것이라고 보기는 어렵습니다. 특히 우발적 범행이라는 주장에 대해서는 말이죠.

만약 케이트의 주장대로 우발적 범행이었다면 벽을 공유하는 집의 형태상, 두 여인 중 하나가 상대방을 분노에 차서 죽일 정도로 싸우는 소리가 옆집에 전혀 들리지 않았을 리가 없습니다. 그래서 아마도 케이트가 살인을 계획한 뒤 문 뒤에 숨어 있다가 토머스 부인을 도끼로 쳐서

살인마 케이트 웹스터의 처형. 케이트 웹스터는 죽는 날까지도 수많은 거짓 자백을 반복했다.

쓰러트린 후 살해하지 않았을까 짐작되고는 합니다.

7월 29일에 케이트 웹스터는 교수형에 처해졌습니다. 그녀가 처해진 교수형은 당시 새롭게 고안된 방법으로, 죽을 때까지 큰 고통을 주던 짧게 떨어지는 방식에서 발전하여 순식간에 의식을 잃게 하여 좀 더 고통 없이 죽게 하는 방법이었습니다. 고용주를 목 졸라 죽이고 온몸을 토막

내어 강에 버렸던 그녀가 세상에서 한 마지막 말은 "신이여, 제게 자비를 베푸소서."였다고 합니다.

케이트 웹스터가 세상을 떠나고 두 세기가 흐른 21세기에도 여전히 토머스 부인의 머리는 오리무중이었습니다. 그렇게 시간은 흘러 2010년 10월 22일, 리치몬드 힐의 한 술집을 공사하던 중, 인부들이 사람의 해골을 발견합니다. 깜짝 놀란 인부들이 경찰에 신고하고 몇 달 뒤인 2011년 7월에 드디어 이 해골이 토머스 부인의 머리임이 밝혀지며 132년 전에 영국 전역을 놀라게 했던 살인 사건이 끝을 맺게 되었습니다.

당시 사람들 사이에서 흉흉하게 돌았던 소문으로 '케이트 웹스터가 토머스 부인의 토막 난 시신을 삶아서 그 고기를 동네 아이들에게 공짜로 나눠주었다더라' 하는 것이 있지만 그게 과연 사실일지는 영원히 알 수 없는 일이겠지요.

10. 홈즈와 살인의 성

미국 최초의 연쇄살인마 H. H. 홈즈

호그와트에는 142개의 계단이 있었다. 넓고 단단한 것도 있었고 좁고 금방이라도 무너질 것처럼 흔들거리는 것도 있었다. 금요일에는 어딘가 다른 곳으로 통하는 것도 있었고 반쯤 올라가면 사라져버리기 때문에 잊지 않고 뛰어내려야 하는 것도 있었다. 그리고 공손하게 부탁하지 않거나 특정한 곳을 문지르지 않으면 열리지 않는 문과 진짜 문과 딱딱한 벽에 그저 문처럼 만들어져 있는 문도 있었다. 또한 모든 게 이리저리 움직여 다니는 것 같았으므로 어떤 물건이 어디에 있는지 기억하기가 아주 어려웠다. [주24]

놀라운 마법으로 가득 찬 환상적인 세계관을 가진 판타지, 해리 포터 시리즈에는 주인공 해리가 다니는 학교, 호그와트가 있습니다. 전 세계 수많은 팬들의 가슴을 콩닥거리게 만든 이 신비로운 성 호그와트에는 놀라운 것들이 가득합니다. 문처럼 생긴 벽이 있는가 하면 벽처럼 생긴 문도 있고 계단이 사라지기도 하고 2층이 3층이 되기도 하죠. 호그와트 같은 신기한 성은 마법 세계에만 존재할 것 같지만 19세기 미국에도 호그와트처럼 정신없는 설계로 사람의 혼을 쏙 빼놓은 성이 있었답니다. 차이가 있다면 호그와트는 설렘과 기대감에 두근거리는 마법의 성이지만 이 성은 공포로 심장이 덜덜 떨리게 하는 죽음의 성이라는 것이었죠.

전 미국을 충격과 공포에 떨게 만든 죽음의 성의 주인은 홈즈라는 이름의 미국 남성이었습니다. 홈즈라니! 홈즈라 하면 우리는 세계 최고의 명탐정 셜록 홈즈를 자동적으로 떠올리지만, 소설 속 주인공 홈즈가 살인마를 잡는 탐정이었다면 실존했던 이 홈즈는 미국 최초의 연쇄살인마로, '미국판 잭 더 리퍼' 같은 무시무시한 범죄자입니다. H. H. 홈즈(Henry Howard Holmes)의 후손은 홈즈 같은 끔찍한 범죄자가 미국에서만 연쇄살인을 벌인 것이 아니라 영국으로 건너가 살인을 추가로 저질렀을 수 있다며, 홈즈가 바로 잭 더 리퍼인 것 같다는 주장을 펼치기도 했습니다.

만약 홈즈가 잭 더 리퍼라면 그는 영국과 미국을 발칵 뒤집어놓은, 전대미문의 연쇄살인마가 아닐 수 없습니다. 그렇다면 홈즈는 어떤 짓을 저질렀기에 잭 더 리퍼에 비견되고 혹시 잭 더 리퍼가 홈즈 아니냐는 소리까지 듣는 것일까요?

기록되지 않은 연쇄살인마들이야 더 있을 수도 있겠지만, 기록된 연쇄살인마 가운데 미국 최초인 H. H. 홈즈는 1860년 또는 1861년 5월에 허먼 웹스터 머짓(Herman Webster Mudgett)이란 이름으로 태어났습니다.

갓 태어난 아들의 얼굴을 보며 아이의 부모님은 아이 앞에 핑크빛 미래가 펼쳐지기를 꿈꾸었겠지만, 무고한 사람들의 피로 물든 핏빛 장래가 펼쳐질 것이라고는 꿈에도 생각지 못했겠죠. 신실한 감리교 신자이자 아주 엄격했던 허먼의 부모님은 아이를 올바른 청년으로 키우겠다며 아이의 소소한 잘못에도 호되게 혼내고 밥을 굶기고 다락방에 아주 오랫동안 가둬버리곤 했습니다. 굶기고 가두는 것으로도 모자랐는지, 아버지는 아이를 자주, 아주 심하게 폭행하곤 했죠. 여기저기 멍투성이의 몸으로 굶주린 배를 움켜쥐고 캄캄한 다락방에서 자신의 잘못을 오랫동안 곱씹어야 했던 허먼은 왜소하고 특이한 면이 있으며 남의 눈치를 많이 보는 그늘진 아이로 자라났습니다.

  아이들은 허먼과 놀기를 꺼렸고 허먼 역시 아이들과 가까이 지내려 하지 않았습니다. 그나마 함께 놀아주던 톰이라는 아이는 허먼과 함께 폐가에 놀러갔다가 창문에서 떨어져 시체로 발견되었죠. 당시에는 아이들끼리 위험한 곳에서 놀다가 일어난 불행한 사고라고 생각했지만 과연 그것은 정말로 사고였을까요? 혹시 허먼의 내면에 깃들어 있던 연쇄살인마 기질이 그때 이미 발현되었던 것은 아닐까요?

  이후로도 허먼은 여전히 빼빼 마르고 이상하고 혼자 노는 아이였습니다. 그런 허먼이 학교를 가자 약자를 귀신같이 알아내는 못된 아이들은 허먼을 괴롭히는 것을 하루의 낙으로 삼았습니다. 다양한 방법으로 허먼을 못살게 굴던 아이들은 어느 날 자기들 딴에는 재미난 생각을 떠올리고는 허먼을 동네 의사의 진료실로 끌고 갔습니다. 마침 외출 중이었던 의사의 진료실에 숨어 들어간 아이들은 허먼에게 의사의 진료실이라면 으레 놓여 있는 해골 모형 앞에 마주보고 서라고 시키고는 해골의 손을 허먼의 얼굴에 올려놓았습니다. 허먼은 깜짝 놀라 고래고래 비명을 질렀지만 아이들은 깔깔거리면서 달아났죠. 당시에는 모형이 아닌 진짜 해골을 쓰는 경우가 많았으니 이런 경험이 아이에게 얼마나 커다란 공포심을 안겨주었을지 짐작이 됩니다.

다만 우리가 이야기하는 아이는 보통 아이가 아니라 훗날 미국 최초의 연쇄 살인마가 되느니만큼, 이 경험이 허먼에게 미친 영향 역시 남달랐습니다. 못된 아이들의 기대와는 달리 허먼은 해골의 손이 얼굴에 닿은 순간 매혹되었던 것입니다. 그리고 그때부터 인간과 동물의 구조에 흥미를 가지기 시작하면서 주변에서 손쉽게 구할 수 있는 동물들을 죽이고 해부하기 시작했습니다. 개구리, 도마뱀, 토끼 같은 동물부터 고양이, 개에 이르기까지 말이죠.

인성과는 전혀 상관없이 똑똑하기로는 동네에서 소문이 자자한 소년이었던 허먼은 16살에 고등학교를 졸업하고 선생님이 되었고 18살 무렵에는 동갑내기인 클라라 러버링과 결혼도 했습니다. 갈색 머리와 빛나는 푸른 눈동자의 허먼은 장래가 촉망되는 청년이었고 아내 클라라는 남편을 위해 아버지의 유산을 써서 허먼이 미시건대학에서 의학을 공부할 수 있도록 지원해주었습니다.

사랑스러운 아내와 아이를 둔 의대생으로서 허먼은 아주 건전하게 살 수도 있었겠지만 진정한 허먼의 범죄 행각은 이때부터 시작되었습니다. 아무리 그래도 처음부터 살인으로 시작한 것은 아니었죠. 시작은 정말 가볍게도(?!) 보험사기였습니다. 요즘처럼 신원조사나 보험 시스템이 철저하지 않았기 때문에 허먼은 존재하지 않는 사람을 만들어내어 보험을 든 다음, 대학 실험실에서 시신을 훔쳐내어 도심 한구석에 버

겉보기에는 말끔한 정장 차림의 친절한 신사였던 홈즈는 아무것도 모르는 수많은 여성들의 마음을 쥐고 흔들며 자신의 욕심을 채워나갔다.

러두었습니다. 얼마 후 시신이 발견되면 친척 행세를 하며 시신을 확인하러 갔고, 시신의 정체에 대해 미리 날조해둔 신원을 대고는 보험금을 수령해가는 식으로 수차례의 보험사기를 저질렀죠. 하지만 꼬리가 길면 밟힌다고 거의 잡힐 뻔했던 허먼은 아내와 아이도 버리고 바람같이 사라져버렸습니다.

얼마 후, 시카고의 한 약국에 서글서글한 인상의 청년이 일자리를 구하러 왔습니다. 의학을 공부했다는 청년은 자신을 헨리 H. 홈즈라고 소개했고 곧 약국에서 일자리를 얻었지요. 약국 주인은 얼마 후 암으로 사망했고 갑자기 남편을 잃은 그의 아내는 약국을 팔라는 홈즈의 꾐에 넘어가 약국을 넘기겠다는 서류에 서명했습니다. 사각사각 이름을 쓰는 펜이 종이 위를 지나가고 얼마 후, 약국은 홈즈의 것이 되었고 과부는 쥐도 새도 모르게 사라졌습니다. 손님들이 과부를 찾자 홈즈는 웃으며 "아, 부인께서는 약국은 제게 파시고 캘리포니아에 있는 친지들을 만나러 가셨어요. 필요한 약 있으신가요?"라고 대답했고 사람들은 '그런가 보다' 하고 불쌍한 과부에 대해서는 말끔히 잊어버렸습니다.

이제 약국도 운영하게 되었으니 홈즈는 연애로 눈을 돌렸습니다. 그런 그의 눈에 들어온 것은 풍만한 몸매의 금발 미녀 미르타 벨크넵이었습니다. 미네소타 주의 미니애폴리스에서 미르타를 만난 홈즈는 곧바로 미르타를 유혹하기로 마음먹고 작업에 착수했습니다. 홈즈는 여성들을 홀리는 데 천부적인 재능이 있었다고 합니다. 늘 자세가 바르고 부드럽고 고급스러운 말투를 구사하며 좋은 옷을 차려 입은 홈즈는 그야말로 신사였죠. 또한 대화를 나눌 때면 마치 상대가 세상에서 가장 흥미롭고 놀라운 이야기를 한다는 듯 진지하게 경청하곤 했고 여성들에게 칭찬을 아끼지 않았다고 합니다.

약국을 운영하던 1887년, 친절하고 매력적인 신사 연기를 아주 잘해내던 홈즈는 헨리 H. 홈즈의 이름으로 미르타와 결혼을 하고 시카고 근처의 도시인 윌메트(Wilmette)에 신접살림을 차렸습니다. 윌메트에 사는 미르타는 시카고에서 사업을 하는 남편 홈즈가 사실 본명이 따로 있고 이미 다른 여자와 결혼한 사이라는 것은 꿈에도 몰랐지요. 물론 뉴햄프셔 주의 틸튼(Tilton)에 살고 있던 첫 번째 아내 클라라 역시 남편이 딴 여자랑 아예 새 살림을 차렸을 것이라고는 상상도 못하고 있었습니다. 홈즈는 미르타와 결혼하고 나서 불륜을 이유로 클라라와의 이혼을 청구했지만 이혼에 성공하지는 못했습니다.

홈즈는 시카고에서 약국을 관리하며 사업을 키워 나갔고 얼마 후 약국 한 구석을 보석상인 네드 코너에게 임대해주었습니다. 네드 코너는 아내 줄리아와 어린 딸과 함께 약국 2층으로 이사왔지요. 홈즈는 곧 붉고 풍성한 머릿결과 아름다운 초록빛 눈동자에 늘씬하고 키가 큰 줄리아와 불륜을 저지르기 시작했고 직원 한 명을 해고하고 줄리아를 채용했습니다. 네드 코너는 홈즈가 자기 아내와 수상한 사이라는 것을 눈치채고 아내와 딸을 버리고 떠나버렸습니다. 홈즈가 어떤 사람인지는 당연히 몰랐겠지만 그래도 하다못해 딸이라도 데려가지, 싶어지죠. 홈즈는 네드 코너가 떠나자 줄리아와 딸을 아끼는 척하며 그들을 위해 보험을 들었습니다. 두 사람에게 무슨 일이 생길 경우 보험금 수령자는 물론 홈즈였죠. 흠, 뭔가 수상하죠?

첫 번째 살인을 저지르고 벌을 받기는커녕 어엿한 약국 주인도 되고 애인도 생긴 홈즈는 보험사기와 살인 등으로 얻은 돈으로 약국 건너편에 있는 땅을 사들여서 건물을 짓기 시작했습니다. 높고 웅장하여 사람들이 '성(castle)'이라고 부르게 될 건물이었죠. 건물은 무려 한 블록 전체를 차지하는 크기로 1층에는 홈즈의 약국과 보석가게, 사탕가게, 식당 같은 임대 상가들이 들어와 있는 아주 평범한 모습이었지만 1층 외의 층들에서는 얘기가 달라졌습니다.

2층에는 홈즈의 사무실과 집이, 그 외의 2층 공간과 3층은 호텔로 이용할 수 있을 법한 거주 시설이 만들어져 있었습니다만 사실 이곳에는 희한한 구조로 만들어진 72~100여 개의 방들이 줄줄이 놓여 있었습니다. 지하로 곧장 연결되는 엘리베이터, 문이 천장에 달려 있는 방, 벽으로 막혀 있는 문, 휘어 있는 복도, 문이 엄청나게 많은 방, 함정이 설치된 방, 막혀 있는 계단, 방 안에서는 열 수 없는 문, 비밀 통로, 사람이 지나가면 울리는 경보 시스템 등 수많은 괴상한 설계로 이루어져 있는 이 건물에는 창문이 없는 방도 수십 개였습니다. 이처럼 특이한 건물이 무

시카고 시내에 자리 잡고 있던 홈즈의 '죽음의 성'.

사히(?) 건설될 수 있었던 이유는 당시에는 오늘날만큼 정부가 건물 설계를 관리 감독하지도 않았고 건물을 짓는 과정에서 홈즈가 인부들이 게으르다는 핑계로 여러 번 교체했기 때문입니다. 그래서 이 거대한 '성'이 아주 수상한 내부 구조를 가지고 있다는 것을 아무도 알아차리지 못했죠.

 1890년에서 1892년 사이, 시카고에서 열릴 세계 박람회 때 호텔로 제공될 예정이라는 '성'이 완공되었습니다. 자, 이제 살인을 위한 성까지 완벽하게 갖춰졌으니 거미줄을 치고 나비가 날아들기를 기다리는 거미처럼 홈즈는 숨을 죽이고 사냥감이 찾아들기를 기다렸습니다. 그러는 사이에도 홈즈의 사업은 잘되고 있었습니다. '성'이 워낙 큰 건물이라 사람들은 약을 살 때면 홈즈의 약국을 찾았고 홈즈는 예쁜 여자만 보면

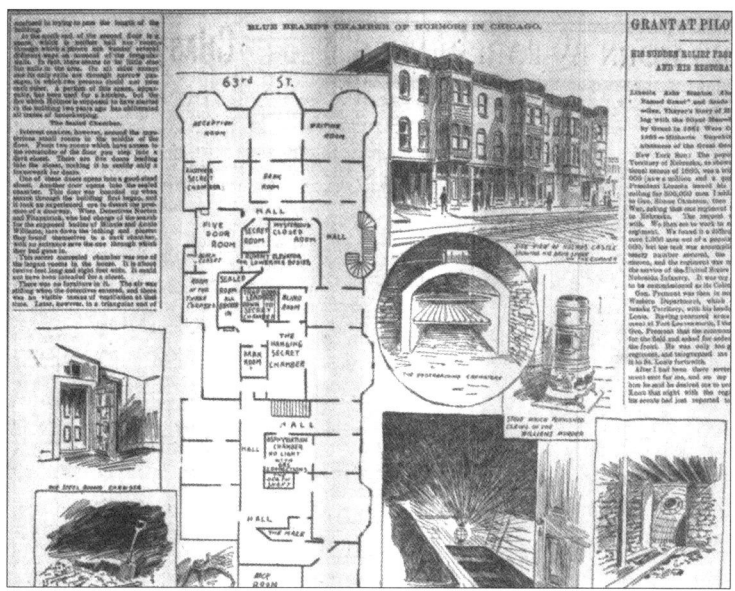

홈즈의 성에는 사람에게 고통을 주고 죽음으로 몰아가기 위한 기괴한 방들이 가득했다.

눈길을 보내곤 해서 줄리아는 홈즈의 일거수일투족을 감시하기 시작했습니다. 그럴 만도 한 것이, 줄리아의 18살짜리 동생이 시카고에 오자 홈즈는 그 동생에게도 추파를 던졌습니다. 동생이 기겁해서 달아난 게 다행이었죠.

홈즈는 계속해서 새로운 여자친구를 찾았고 얼마 후 줄리아는 임신을 했습니다. 홈즈를 너무나 사랑했던 줄리아는 임신했다는 것을 알고는 홈즈에게 어서 결혼하자고 졸라댔습니다. 홈즈는 결혼은 괜찮지만 아이는 싫으니 아이를 지우면 결혼하겠다고 말합니다. 줄리아는 망설였지만 홈즈와 결혼하고 싶은 마음에 어쩔 수 없이 동의하고 지하에 있는 수술대에 누웠죠. 수술에 앞서 홈즈는 줄리아의 8살 난 딸을 방으로 데려가 침대에 눕히고 재웠습니다. 그리고…… 그날 이후 두 사람을 본 사람은 아무도 없었습니다.

줄리아와 그녀의 딸을 처리(?)하고 보험금까지 타낸 홈즈는 새로운 여자친구인 미니 윌리엄즈와의 연애에 공을 들였습니다. 미니와 연애한 기간이 길었기 때문에 아마도 그녀는 홈즈의 범죄 행각들을 모두 알고 있었을 것으로 짐작됩니다. 미니는 얼마 후 자매인 애나(애니)를 시카고로 초대했는데, 애나는 그해 7월 즈음 사라졌습니다. 미니가 홈즈의 범죄를 알고 있었다면 애나가 어디로 갔는지, 그리고 어떻게 됐는지도 알고 있었을까요? 겨울에 미니와 홈즈가 결혼을 했다는 이야기도 있습니다. 물론 홈즈는 여전히 첫 번째 아내인 클라라와 결혼한 상태였기 때문에 미니와의 결혼은 성립될 수 없었지만 말이죠. 하지만 그건 그리 큰 문제가 아니었습니다. 왜냐면 봄이 되자 미니 역시 흔적도 없이 사라져버렸으니까요. 홈즈는 훗날 자기가 미니를 죽였다고 말했지만 그녀의 시신은 어디에서도 발견되지 않았습니다.

애나와 미니가 차례로 사라진 그해, 1893년에 시카고에서는 세계 박람회가 열렸습니다. 박람회를 구경하겠다고 광대한 미 대륙 곳곳에서 수많은 사람들이 시카고로 몰려들었죠. 빈 방을 찾기가 하늘에 별따기일 정도로 시카고의 모든 숙박업소에는 사람이 북적였습니다. 홈즈는 회심의 미소를 지으며 자기 '성'을 호텔로 내놓고는 손님을 받기 시작했습니다. 방 구하기가 하늘에 별따기만큼 힘든 시기에 지은 지 얼마 안 된 호텔이 손님들을 받는다 하니 사람들은 얼씨구나 하고 홈즈의 호텔로 찾아들었습니다. 그리고 이들 중 다수가 두 번 다시 집으로 돌아가지 못했죠. 그 밖에도 홈즈가 낸 구인광고를 보고 찾아오거나 '미혼의 남성, 아내를 찾음' 같은 광고를 보고 찾아온 아가씨들 역시 건물 안으로 들어는 갔지만 두 번 다시 나오지는 못했습니다. 홈즈의 건물에서 월세를 내던 세입자도, 건물을 청소하던 청소부도, 그리고 청소부의 여자 친구까지도 모두 홈즈의 살해 대상이 되었습니다.

홈즈가 가장 선호하던(?) 살해 방식은 밀폐된 방에 사람을 가두고 독가스를 틀어 질식사시키는 것이었다고 합니다. 그 밖에도 문을 천장에 달아둔 방에 가두어 사람이 절대 탈출할 수 없도록 해놓고 며칠이고 그곳에 버려두어 굶겨죽이기도 했고 독살은 아주 평범한(?) 방법이었습니다. 일반적인 연쇄살인범들은 살해 패턴이 대개 일정한데 홈즈는 아주 다양한 방법으로 남녀노소를 가리지 않고 생명을 앗아갔습니다. 심지어는 전기 충격으로 살해를 하거나 가스에 불을 붙여서 태워 죽이기까지 했죠. 홈즈는 자기가 살해한 피해자들의 시신을 특수한 엘리베이터와 통로를 통해 지하로 실어날랐고, 그곳에서 즐겁게 시신을 해부하거나 또는 해골로 만들어 근처 의과대학에 팔았습니다. 그 밖에는 산(酸)으로 녹여서 흔적을 없애거나 화로에 넣어 태워버렸죠. 이 때문에 오늘날까지도 홈즈가 정확히 몇 명을 죽였는지는 알 수 없습니다. 나름대로 아주 바쁜 나날을 보내던 홈즈는 박람회가 끝나고 건물 건축비와 가구 대금 등을 갚으라는 빚 독촉이 심해지자 소리 없이 시카고를 떠나 미국을 떠돌기 시작했습니다.

이리저리 여행을 다니던 와중에도 홈즈는 조지아나 요크라는 여성을 만나 1894년에 결혼을 했습니다. 대체 몇 번째 아내랍니까. 조지아나와의 결혼에 증인으로 서명한 사람은 미니 윌리엄스였습니다. 아니, 이 시기면 미니는 이 세상 사람이 아니었을 텐데 말이죠. 남편이 죽인 여자가 증인을 선 결혼이라니, 시작부터 불운한 기운이 도는 불법 결혼이네요. 물론 조지아나 역시 클라라나 미르타의 존재를 전혀 알지 못했습니다. 조지아나와 결혼 후 홈즈는 가짜 이름을 사용한(홈즈라는 이름도 이미 가명이지만) 수표를 이용해서 말을 수십 마리 사서 다른 지역에다 팔아먹었습니다. 하지만 결국 꼬리가 밟혀 말 절도 혐의로 감옥에 가게 되었죠. 물론 경찰들은 자신들이 감옥에 처넣은 남자가 '찌질한' 도둑이 아니라 희대의 연쇄살인마라는 사실을 꿈에도 몰랐겠지만요.

감옥에서 홈즈는 마음이 아주 잘 맞는 남자를 만났습니다. 기차 강도짓을 하고 다녀서 무려 25년이나 징역을 살고 있던 매리언 헤지페스는 홈즈를 만나기 전에 이미 악명 높은 범죄자였습니다. 아내 조지아나가 달려와 보석금을 내주고 풀려나기 전에 헤지페스와 쑥덕거린 홈즈는 보험사기를 제대로 칠 계획을 세우게 됩니다.

홈즈의 계획에는 믿을 만한 변호사가 꼭 필요했고, 홈즈는 좋은(범죄자에게 좋은 변호사면 그닥 좋은 변호사는 아니겠지만) 변호사를 소개받는 대가로 작전이 성공하면 헤지페스에게 500달러를 주기로 하였습니다. 앉아서 이름 하나 불러주는 대가로 받기엔 500달러는 큰돈이었지만 이 사기를 통해 1만 달러를 벌 계획이었던 홈즈에게는 그다지 큰 지출이 아니었던 셈입니다. 아니나 다를까. 헤지페스가 소개시켜준 변호사는 홈즈의 작전을 듣고는 무릎을 탁 치며, '오, 그것 참 좋은 생각이군!' 이라고 외치고는 바로 작전에 합류하였습니다.

처음에 세운 작전은 홈즈나 헤지페스가 죽은 것처럼 꾸며서 보험금을 청구하는 것이었는데, 이 계획은 보험회사가 수상하게 여기면서 실패로 돌아갔습니다. 하지만 홈즈는 금방 새로운 계획을 세웠습니다. 시

홈즈 곁에서 오른팔 노릇을 충실히 했던 벤자민 피테젤.

카고의 '성'을 세울 적에 친해진 홈즈의 오른팔, 벤자민 피테젤을 보험에 가입시킨 다음, 가짜로 사망신고를 하고 보험금을 타내는 것이었죠. 이 작전은 홈즈와 피테젤, 그리고 피테젤의 아내까지 모두 알고 동참한 것이었습니다.

작전은 이러했습니다. 피테젤이 페리라는 가명의 발명가인 척 가게를 차린 뒤 '발명을 하다 실수로 폭발을 일으켰다'는 내용으로 보험금을 타내는 것이었죠. 이를 위해 가게에다 심하게 훼손된 시체를 가져다 놓고 피테젤의 아내는 통곡을 하며 보험회사로 달려가서 보상금을 받아와서 홈즈와 피테젤, 변호사가 사이좋게 나눠가지면 성공하는 것이었습니다. 홈즈는 '엉망이 되어 알아볼 수 없는 시체'를 갖다놓는 역할을 맡았는데, 시체를 마련하기(?) 귀찮아진 홈즈의 머릿속에 아주 간편한 방법이 떠올랐습니다. 그래서 가짜로 피테젤의 죽음을 만들어내는 대신 진짜로 피테젤을 죽여버렸죠. 아이고, 참 간편한 방법이네요!

살인자와 어울리다 뒤통수 제대로 맞은 피테젤이 죽은 뒤 홈즈는 피테젤의 아내에게 피테젤은 죽은 척 해야 하므로 멀리 도망가 있다고 거짓말을 했습니다. 그 후 홈즈는 피테젤의 딸인 15살짜리 앨리스를 데리고 보험회사로 향했습니다. 피테젤의 아내만이 보험사기라는 것을 알고 있었고 앨리스와 다른 자녀들은 아버지가 정말로 죽었다고 생각했기 때문에 피테젤의 시신을 확인하고 보험회사를 쉽게 속이기에는 아버지의 시신을 보고 오열하는 앨리스가 더 적격이었기 때문이었죠. 보험금을 챙긴 홈즈는 피테젤의 아내에게 다섯 아이 중 셋은 자기가 챙길 테니 일단 이 지역을 벗어나서 다시 만나자고 설득했고, 남편의 오랜 친구라 생각한 피테젤의 아내는 그러자며 앨리스와 넬리, 하워드를 홈즈에게 맡겼습니다.

세 아이를 데리고 도시에서 도시로 옮겨다니는 것은 홈즈에게 있어 굉장히 귀찮은 일이었습니다. 그래서 홈즈는 일단 8살 난 하워드를 누나들로부터 떨어뜨린 후 독살하고 시신을 토막 내어 불에 태워 없애버렸습니다. 동생이 돌아오지 않아 걱정하는 누나들에게 동생은 홈즈의 친구와 잠깐 같이 갔다며 안심시켰죠. 이후 홈즈는 넬리와 앨리스를 데리고 디트로이트로 향했습니다. 디트로이트에서 앨리스는 할머니, 할아버지에게 편지를 남겼습니다. 아주 가까운 곳에 엄마와 형제들이 있다는 것은 전혀 모르고 말이죠. 아이들의 엄마에게도 자녀들이 근처에 있다는 것을 알리지 않은 홈즈는 디트로이트에서 피테젤의 아내와 그녀가 데리고 있는 아이들을 살해하려 했지만 실패합니다. 그러는 사이 앨리스가 할머니 할아버지에게 쓴 편지는 홈즈가 얼마나 아이들에게 무관심했는지를 보여줍니다.

탐욕스런 부모를 둔 탓에 살인자에게 끌려다녀야 했던 앨리스와 하워드. 어린 시절의 모습이다.

할머니 할아버지께,

잘 지내고 계시죠? 넬리와 저는 둘 다 감기에 걸렸고 손이 부르텄어요. 하지만 그뿐이에요. 날씨가 정말 안 좋아요. 아마도 이제 겨울이 오나봐요. 엄마께 저에게 코트가 정말 필요하다고 꼭 좀 전해주세요. 이 얇은 재킷 때문에 얼어 죽을 뻔했어요. (후략)

홈즈는 이후 아이들을 데리고 캐나다의 토론토로 향했습니다. 그곳에서 커다란 짐가방에 아이들을 강제로 들어가게 한 뒤 가방을 잠그고 버려둔 채로 외출했다가 저녁에 돌아와 가방에 호스를 연결하고 독가스를 주입해 아이들을 살해했습니다. 그후, 시체의 신원을 은폐하기 위해 아이들의 옷을 모두 벗긴 다음 지하실 바닥을 파고 묻어버렸습니다. 이제 홈즈는 피테젤의 아내와 나머지 두 아이들만 없애면 피테젤을 죽였다는 걸 눈치 챌 증인도 없애고 보험금도 독차지할 수 있게 되는 것이었습니다. 그런데 잠깐, 뭔가 잊은 것이 있지 않나요? 순진한 일반인들은 홈즈에게 무방비 상태로 당했지만 감옥에 앉아 있는 강도, 헤지페스는 홈즈로부터 못 받은 돈이 있습니다. 목이 빠지게 기다리고 기다리다 '돈 못 받겠는데?' 라는 생각이 든 헤지페스는 순순히 당하고 있을 위인이 아니었습니다. 그는 곧장 경찰에게 (범죄자가 다른 범죄자한테 사기를 당하면 경찰에게 간다는 것이 아이러니하지만요) 홈즈의 보험사기극을 고자질했습니다.

　신고를 받은 경찰은 보스턴에서 보험사기 혐의로 홈즈를 체포하였습니다. 보험사기 자체는 별 것 아니었지만 홈즈는 달랐습니다. 보험사기범으로 잡힌 남자가 시카고의 '성'의 주인이고 아내가 셋씩이나 있다는 것이 신문 보도를 통해 밝혀지자 시카고 경찰은 수상하게 여겨 홈즈의 성을 조사하기 시작합니다. 성의 직원들은 "사장님이 2층은 절대 청소를 못하게 했다."고 증언했고 이에 2층을 조사한 경찰은 눈뜨고 볼 수 없는 충격적인 광경에 아연실색합니다. 납치, 감금, 살인을 위해 만들어진 수많은 방들이 가득한 가운데, 한 방은 사람이 겨우 서 있을 수 있는 크기였는데 문 안쪽에 여자의 발자국이 선명하게 남아 있기도 했습니다. 누군가 방에서 벗어나고자 발로 걸어찬 것이었죠. 지하실에는 피투성이의 고문 도구가 가득했고 타다 만 사람의 뼛조각, 산(酸)이 가득 들어 있는 통 등 끔찍하기 짝이 없는 광경이 펼쳐져 있었습니다.

　전대미문의 사건에 미 대륙 전체가 경악을 금치 못하는 와중에 홈즈와 함께 떠났다가 사라진 피테젤 아이들의 행방을 찾기 위해 탐정 프랭크 게이어는 홈즈의 흔적을 따라갔습니다. 그의 추적은 전국으로 매일같이 보도되었고 게이어는 곧 8살 난 하워드 피테젤의 타다 만 치아와 뼛조각, 그리고 앨리스와 넬리의 시신까지 발견하였습니다. 이미 벤자민 피테젤 살인으로 재판을 받고 있던 홈즈는 거액을 받고 인터뷰까지

포기하지 않은 탐정 게이어 덕분에 아이들의 시신은 금방 발견될 수 있었다.

하는 등 전 미국의 관심을 한 몸에 받았습니다. 홈즈의 세 아내는 홈즈가 저질렀다는 범죄를 듣고 새파랗게 질리며 도저히 믿을 수 없어 했습니다. 그 많은 범죄를 저지르면서도 자기 아내들에게는 늘 신사적인 태도로 좋은 남편 노릇을 했다고 하니 더욱 소름끼치죠.

벤자민 피테젤 살인범으로 유죄 선고를 받아 교수형에 처해진(예, 겨우 교수형입니다) 홈즈는 마지막에는 자신이 연쇄살인범이 아니라 완전히 무죄이며 죄라고는 줄리아의 낙태를 잘못해서 산모와 아이가 죽은 것뿐이라고 주장했습니다. 그의 말이 끝나자 밧줄이 목에 걸리고 바닥이 열리며 덜컹, 하고 떨어졌지만 하늘도 무심치 않았는지 홈즈의 목은 바로 부러지지 않았습니다. 약 15분에 걸쳐 홈즈는 서서히 목이 졸리는 채로 발버둥을 치며 죽어갔고 1896년 5월 7일 아침 10시 30분 경, H. H. 홈즈로 알려진 허먼 웹스터 머짓은 사망하였습니다.

죽음 뒤에는 무엇이 찾아올까요? 완전한 소멸, 환생, 영원한 천국과

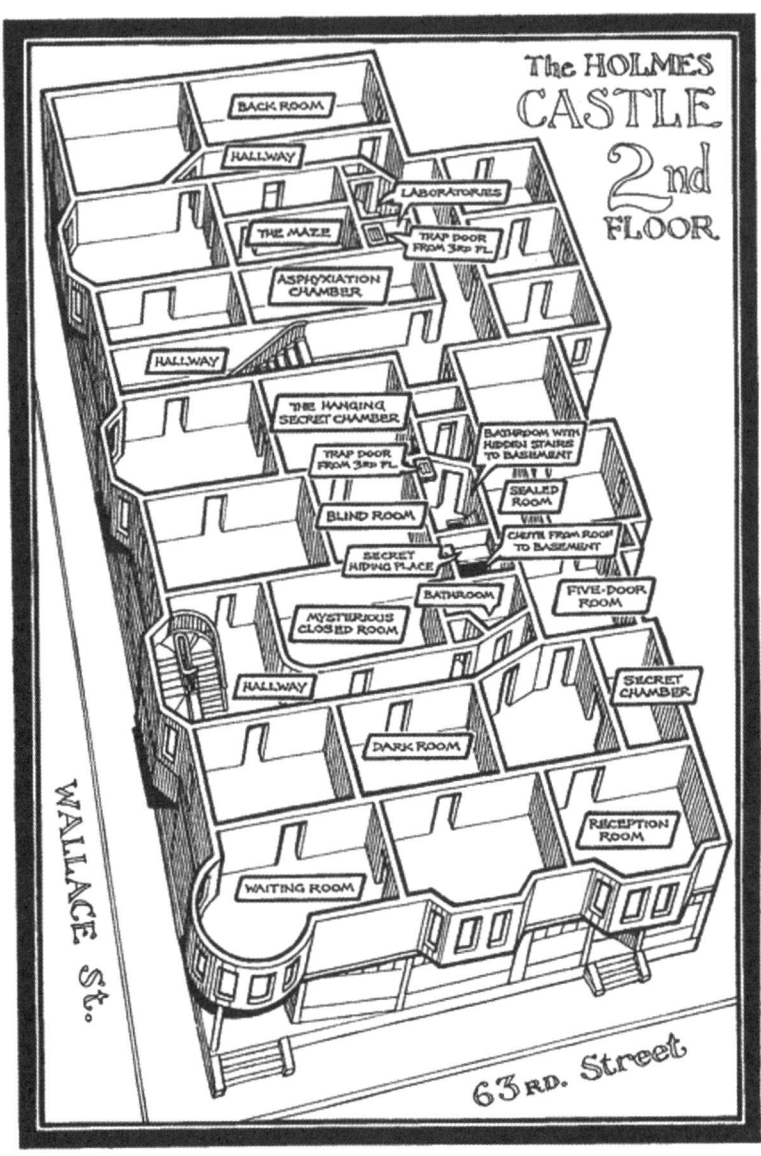

홈즈의 성 2층과 3층에는 숨겨진 문이나 지하실로 통하는 비밀 통로 같은 기괴한 것들이 가득했다.

지옥, 부활, 그 무엇이든 홈즈는 죽음 뒤 자신의 시체가 어찌될지를 끔찍이 걱정했습니다. 그래서 죽기 전 마지막 소원으로 부디 자기를 묻을 때 관에 시멘트를 부어달라 부탁했죠. 피해자의 유족들이 자기 시신을 괴롭힐까 걱정했던 홈즈의 간곡하고 양심 없는 청원은 이루어져 홈즈의 시신은 시멘트 속에 잠들어 있습니다. 홈즈의 '성'이 오늘날까지 남아 있었다면 끔찍한 관광 명소로 명성을 떨쳤을지도 모르겠지만 이를 걱정한 탓인지 아니면 홈즈의 공범이 있었던 것인지, 홈즈의 범죄가 밝혀져 성이 '죽음의 성'이니 '살인의 성'이니 하는 달갑지 않은 별명을 갖게 된 뒤인 1895년 어느 날, 성 안에서 뭔가가 터지는 소리가 몇 차례 난 후 성 전체가 무시무시한 불길에 휩싸였습니다.

  홈즈가 몇 명이나 죽였는지는 현재까지도 정확히 알 길이 없습니다. 홈즈는 27명을 살해했다고 자백했지만 그것은 그야말로 최소일 뿐이고, 당시 박람회를 관람하러 왔다가 사라진 실종자들의 수, 성에 들어간 것은 목격되었지만 나오지는 않은 사람들의 수 등을 통해 추산해보았을 때 홈즈가 살해한 사람은 최소 50~100명, 또는 200~250명 정도라고 합니다. 정말 희대의 연쇄살인마가 아닐 수 없습니다. 홈즈의 후손이 왜 홈즈가 잭 더 리퍼일지도 모른다고 생각했는지 이해가 가지요. 잭 더 리퍼의 필체가 홈즈의 필체와 매우 유사하다고 하던데, 어쩌면……? 이 또한 풀리지 않을 역사의 미스터리겠지요.

살짝 더 은밀한 세계사 2

'리틀 나폴레옹'의 기묘한 여행

역사를 잘 모르는 사람이라도 한 번쯤은 들어봤을 법한 그 이름은 바로 나폴레옹. 나폴레옹 보나파르트입니다. 나폴레옹은 프랑스의 군인으로 프랑스 대혁명 말기에 활약을 시작하여 유럽을 상대로 정복전쟁을 벌이고 나폴레옹 법전을 제정하여 현재까지도 많은 나라에 영향을 미친 대단한 장군이자 정치인이죠. 살아생전뿐만 아니라 죽은 이후에도 프랑스에선 영웅이자 독재자로, 영국 아이들에게는 망태 할아버지만큼이나 무서운 존재로, 스페인과 포르투갈, 러시아 등에선 악마로, 그 평가가 극과 극을 달리는 나폴레옹의 이야기를 할 때면 그의 유년 시절부터 시작해서 엘바 섬에서 탈출한 뒤의 100일천하, 워털루 전투, 조세핀과의 사랑 등을 이야기하겠지만 우리의 이야기는 나폴레옹이 그 놀라운 삶을 끝낸 뒤에 관한 것입니다. 나폴레옹을 둘러싸고 존재하는 수많은 이야기들 중에 확실한 증거는 없으면서도 진위 여부에 대한 논란과 함께 사람들의 관심을 한 몸에 받는 이야기를 시작해보겠습니다.

나폴레옹은 1769년에 태어나 1821년 5월 5일에 사망했습니다. 공식적인 사망 원인은 위암이지만 그때도 지금도 '암살된 것 아니냐'는 수군거림은 여전히 남아 있습니다. 워낙 유명한 인물이고 일찍 세상을 떠났기에 영원히 사라지지 않을 이야기겠지요.

나폴레옹이 사망하자 그의 사망 원인을 파악하기 위해 한 코르시카인 의사가 불려왔습니다. 영국의 감시 하에 행해진 나폴레옹의 시신

역사를 거꾸로 돌린 황제 나폴레옹.

을 해부하는 과정에서 이 의사는 실수로(?) 나폴레옹의 아랫도리에 있는 아주 소중한 부위를 잘라냈다고 합니다(진짜 실수였을지는 모를 일이죠). 고의였든 실수였든, 의사의 재빠른 손놀림은 아무에게도 들키지 않았고 그 후로 시신을 지키던 사람들이 굳이 나폴레옹의 옷을 벗겨볼 일은 없었으니 정말로 나폴레옹의 시신에서 성기가 사라졌는지는 알 수 없습니다. 그 외의 다른 소중한 부위인 심장과 위 역시 해부를 위해 몸에서 분리하여 다른 그릇으로 옮겨두었고 성기와 함께 나폴레옹의 몸에서 벗어났습니다.

나폴레옹 몸을 벗어난 그의 심장, 위, 성기 및 머리카락, 수염, 의류,

은컵 등은 어찌어찌하여 한 이탈리아 신부의 손으로 들어가게 됩니다. 나폴레옹의 신체 부위들과 물건들은 이탈리아 신부의 가문에서 아주 소중히 보관되어오다가 1916년에 영국 런던의 서적상인 매그스 브러더스의 손으로 넘어갔습니다. 당시 물건들이 넘어가면서 모든 물품에 일일이 이름이 붙었는데, 나폴레옹의 성기에 대해서는 차마 '성기'라고 쓸 수가 없었는지 '미라화된 힘줄'이라고 기록되었습니다.

그 후 다른 서적상의 손으로 넘어간 나폴레옹의 물건들은 1927년, 뉴욕에서 전시되었습니다. 다른 장기들보다 사람들의 관심을 아주 많이 끈 것은 아무래도 그 대단한 나폴레옹의 '리틀 나폴레옹'이었습니다. 당시 「타임」지에서는 나폴레옹의 성기를 보고 '최악의 상태인 사슴가죽 신발끈', '쪼글쪼글해진 거머리' 같다는 기사를 실었습니다. 이쯤 되니 유명한 인물이 되는 것도 썩 유쾌한 일만은 아닌 것 같죠?

이런 이야기가 나올 수밖에 없었던 것이 아무도 나폴레옹의 성기를 보존액에 넣어 살아생전처럼 보관할 생각을 하지 않았는지 몸에서 떨어져 나온 성기가 전시될 즈음에는 약 3.8센티미터의 완전히 말라비틀어진 모습이었습니다. 그 어떤 부위도 사후에 건조되고 미라같이 되면 수축되고 작아지는 것이 당연할진데 사람들은 나폴레옹의 성기를 보고는 나폴레옹은 키도 작고 '그것'도 작다던 소문을 떠올리며 "어쩜! 그 소문이 진짜였네!" 하고는 했습니다.

나폴레옹의 편을 들어 억울함을 조금이나마 풀어주자면 나폴레옹의 성기 크기에 대해서야 본 사람들이 기록을 해둔 것도 아니니 뭐라 말할 수 없겠지만 나폴레옹의 키가 작았다는 것은 거짓이랍니다. 나폴레옹의 키는 사망 후 쟀을 때 167센티미터로 오늘날 기준으로는 평균에 못 미치는 키지만 당시 프랑스 남성의 평균 키가 164센티미터 정도였으므로 나폴레옹은 키가 작기는커녕, 오히려 큰 편이었던 것이죠.

1969년, 나폴레옹의 물건들은 경매장에 나오기 위해 분류되었지만 물건들이 따로따로 팔려나가는 것을 원래 주인이 반대하면서 취소되었습니다. 하지만 나폴레옹의 물건들이란 세월이 흐를수록 비싸질 수밖에 없는 것이었고 1977년에 이르자 통째로 한 번에 팔 수는 없겠다 싶어 따로따로 경매에 올리게 됩니다. 그때 나폴레옹의 성기를 사들인 이는 미국의 저명한 비뇨기과 전문의 존 K. 래티머 교수였습니다.

미국 대통령이었던 에이브러햄 링컨이 살해당한 날 입고 있던 피에 젖은 칼라나 히틀러의 머리카락 등을 수집하기도 한 래티머 교수는 나폴레옹의 성기를 분석하여 나폴레옹이 독살당했다는 루머의 진위를 밝히고 싶다고 했습니다. 래티머 교수가 성기를 엑스레이로 찍어본 결과 성기는 모조품이 아니라 사람의 생식기임이 확실해졌지만 그것이 나폴레옹의 것인지, 나폴레옹이 독살을 당했는지는 여전히 의문에 싸여 있습니다. 그 후, 래티머 교수는 무려 30년 동안 나폴레옹의 성기를 뉴저지에 있는 자신의 집 침실, 그것도 침대 밑에 고이고이 보관만 해두었습니다. 30년 간 나폴레옹의 성기 위에서 잤다는 말을 아무나 할 수 있는 건 아니죠. 2007년에 래티머 교수가 사망한 뒤로 나폴레옹의 성기는 래티머 교수의 딸이 물려받아(?) 잘 보관하고 있답니다.

11. 어른 말을 듣지 않는 아이는 죽어야 한다?

알고 보면 무시무시한 원작 「피노키오」의 교훈

"양심은 사람들이 듣지 않으려 하는 그 작은 목소리다."
— 디즈니 「피노키오」

"하룻밤 사이에 부자로 만들어주겠다는 자들을 믿지 마. 그들은 미쳤거나 도둑놈들이니까!" [주25]
— 원작 『피노키오』

거짓말을 하면 코가 쑥쑥 자라나는 귀여운 나무 인형은 옳은 말만 하는 말하는 귀뚜라미와 파란 요정의 도움을 받아 모험을 하고 철이 들고 사람이 됩니다. 오늘날 이 정도 이야기하면 누구든지 동글동글 귀여운 눈과 파란 보타이와 빨간 멜빵바지를 입은 디즈니판 「피노키오」를 연상하겠죠. 하지만 만화산업에 일대 혁명을 일으켰던「백설 공주와 일곱 난쟁이」이후 두 번째로 디즈니에서 내놓았던 작품인「피노키오」는 별도의 원작이 따로 있는 것으로 실제 원작은 디즈니에서 보여주는 것처럼 사랑스럽고 귀여운 이야기가 아니랍니다. 그렇다면 19세기 이탈리아의 수많은 어린이들을 울고 웃게 만들었던 피노키오 이야기는 어떤 내용이고 그 작가는 어떤 사람이었을까요?

원작인 『피노키오의 모험 : 꼭두각시의 이야기 Le avventure di Pinocchio: Storia di un burattino』의 주제는 이야기 속 귀뚜라미가 피노키오에게 한 말로 정리될 수 있습니다.

"부모님 말씀을 듣지 않고 집에서 달아나는 남자아이들은 문제야. 그애들은 이 세상에서 결코 행복해지지 못할 거야. 그리곤 나이 들어 아주 후회하겠지." [주26]

양심에 귀 기울이고 옳고 그름을 구분할 줄 알고 정직하면 사람이 될 수 있다던 디즈니판「피노키오」와는 느낌이 굉장히 다른 주제죠? '거짓말을 하면 코가 자란다' 라는 농담이 생겨날 정도로 세상에 영향을 미친 피노키오 이야기를 만들어낸 작가는 카를로 로렌치니(Carlo Lorenzini, 1826~1890)로, 글을 쓸 때는 어머니 고향인 콜로디에서 따온 카를로 콜로디(Carlo Collodi)라는 필명을 사용한 이탈리아 남자였습니다. 후작 집안에 고용된 재봉사와 요리사의 아들로 1826년에 이탈리아의 피렌체에서 태어난 카를로 콜로디는 무려 10명의 아이들 중 첫째였습니다. 부모님이 그야말로 사내 커플이었네요!

콜로디는 11살부터 16살까지 신부가 되기 위해 공부했지만 경건하고 조용한 삶은 영 마음에 들지 않았는지 정치에 관심을 보이기 시작했고 22살의 나이로 이탈리아 통일 전쟁에 참전하였습니다. 잡지나 신문에 글을 쓰는 것만으로는 성이 차지 않아 참전한 그해에 아예 풍자와 유머로 가득한 신문 「일 람피오네(Il Lampione, '가로등' 이라는 뜻)」를 직접 창간하기도 했죠. 어찌나 날카로운 풍자로 가득했는지 카를로 콜로디의 신문은 10년이 넘는 세월 동안 검열당하기도 했습니다.

그럼에도 불구하고 카를로 콜로디는 5년 뒤인 1853년, 또 다른 잡지 「라 스카라무차(La Scaramuccia, '작은 언쟁' 이라는 뜻)」를 창간하였습니다. 그 밖에도 에세이, 연극 대본, 소설 등 늘 글 쓰며 살아온 삶이었죠. 정치와 새로운 이탈리아에 대해 깊은 관심을 갖고 있던 콜로디가 나라의 미래를 책임질 아이들에게 교훈을 주는 아동문학에 관심을 갖게 된 것은 놀라운 일이 아닐지도 모르겠네요. 아이들이 잘 커야 나라의 미래가 밝은 법이니까요!

1872년 당시 이탈리아의 피렌체는 전통적으로 아동문학이 사랑받는 곳이었습니다. 그리고 이 시기의 아동문학들은 모두 '재밌는 이야기를 통해 아이들을 가르치는' 것이 목표였죠. 그래서 17세기에 동화집을 출간한 유명한 동화 작가 샤를 페로의 동화책도 앞의 「빨간 모자」에서 보셨듯이 끝부분에는 교훈이 함께 쓰여 있고는 했답니다. 이 때문에 19세기의 아동문학 작가인 카를로 콜로디는 아이들에게 꿈과 희망을 주겠다는 월트 디즈니와는 다른 교육철학을 가지고 있었습니다.

아동문학에 관심을 가지기 시작한 콜로디에게 좋은 기회가 왔으니 바로 프랑스 아동문학을 이탈리아에서 출간하고자 하는 지인으로부터

'피노키오의 아버지' 카를로 콜로디는 피노키오를 통해 아이들에게 교훈을 알려주고자 했다.

번역을 부탁받은 것이었습니다. 프랑스에서 손꼽히는 아동문학들을 번역하면서 콜로디는 아이들이 좋아하고 아이들을 교육하는 동화들의 구성과 전개 방식, 그리고 교훈의 전달 방식 등을 연구할 수 있었습니다. 그리고 얼마 지나지 않아 자신만의 동화책을 쓰기 시작했죠. 초기의 작품은 샤를 페로의 동화들과 비슷한 느낌의 『동화 Racconti delle Fate』 (1875)였습니다. 곧 그의 글은 여러 시행착오와 도전을 통해 이탈리아만의, 그리고 콜로디만의 독특한 느낌을 찾아갔고 55살의 나이가 된 1881년, 역사에 길이 남을 『피노키오의 모험 : 꼭두각시의 이야기』 연재가 시작되었습니다.

현재에 이르러서는 가장 유명한 이탈리아 문학 중 하나로 손꼽히는 이 『피노키오의 모험』은 사실 작가가 쓰고 싶어서 쓴 것이라기보다는 콜로디의 친구이자 아동용 잡지의 편집자 중 하나가 아동문학 좀 다시 써보라고 졸라서 아동잡지의 연재본으로 나오게 된 것이랍니다. 그렇다보니 콜로디는 이 피노키오의 모험을 책으로 만들 생각이 없었다고 해요. 그렇다면 콜로디의 피노키오는 디즈니의 피노키오와 어떻게 다른지 짧게 요약한 이야기를 통해 볼까요?

1940년에 개봉한 월트 디즈니 프로덕션의 「피노키오」는 작은 귀뚜라미가 등장하면서 영화가 시작됩니다. 귀뚜라미, 지미 크리켓은 목수의 집에 들어가게 되고 그곳에서 제페토 할아버지가 빨간 바지와 노란 모자, 파란 리본을 맨 꼭두각시 인형을 만드는 것을 지켜보지요. 할아버지는 인형에게 피노키오라는 이름을 지어준 뒤 잠자리에 들기 전에 별을 향해 소원을 빕니다. 자식이 없는 자신을 위해 피노키오가 사람이 되었으면 하는 것이죠. 그 소원을 들은 파란 요정이 나타나 제페토 할아버지가 워낙 착하고 남들에게 기쁨을 주었기 때문이라며 피노키오를 살아나게 만듭니다. 하지만 피노키오는 여전히 나무인형의 모습이죠. 요정은 피노키오에게 용감하고, 진실되고, 이기적으로 굴지 않고 양심에 귀를 기울인다면 진짜 인간 소년이 될 수 있을 거라 일러줍니다.

다음 날, 순진한 피노키오는 자신을 이용하려 드는 여우와 고양이에게 속아 학교를 가지 않고 스트롬볼리 꼭두각시 쇼에 따라갑니다. 지미 크리켓이 피노키오를 말리려고 하지만 피노키오는 배우가 되는 것에 푹 빠져버리죠. 하지만 곧 욕심쟁이 스트롬볼리는 피노키오를 새장 안에 가둬버리고 모든 돈을 자신이 가져갑니다. 새장에 갇혀 울고 있는 피노키오에게 파란 요정이 나타나 왜 학교에 가지 않았느냐고 묻자 피노키오는 거짓말을 합니다. 그리고 코가 쑥쑥 자라나지요. 피노키오가 후회하며 앞으로는 거짓말을 하지 않겠다고 하자 파란 요정은 코를 고쳐 줍니다. 그런 와중에 여우와 고양이는 놀기만 좋아하는 소년들을 모아

팔 수 있다는 얘기를 듣습니다. 피노키오는 지미 크리켓과 집으로 향하지만 또 다시 여우와 고양이에게 속아 놀이공원으로 향하게 됩니다. 그곳에서 아이들은 도박을 하고 술을 마시고 물건을 부수고 담배까지 피웁니다(아동용 영화에 담배 뻐끔뻐끔하는 것까지 나오다니요!). 피노키오를 찾으러 온 지미 크리켓은 아이들이 모두 당나귀로 변해버리는 것을 보고 피노키오를 구하러 갑니다.

겨우 도망친 피노키오와 지미 크리켓은 곧 제페토 할아버지가 피노키오를 찾다가 고래에게 잡아먹힌 것을 알게 되고 할아버지를 구하러 갑니다. 그곳에서 제페토 할아버지를 구해내기 위해 피노키오는 자신을 희생합니다. 파란 요정은 그런 피노키오가 용감하고, 진실되고, 남을 위해 희생했다며 진짜 소년으로 만들어주면서 영화가 끝이 납니다.

전형적인 디즈니 느낌의 꿈과 희망이 가득한 이 영화에서 피노키오는 세상 물정을 하나도 몰라 늘 "왜?"라고 묻고 남의 꾐에 홀랑홀랑 잘 넘어가지만 악하거나 남을 골탕 먹일 생각은 전혀 하지 않습니다. 순진한 아이 주변에 못된 친구들인 여우와 고양이 등이 있었을 뿐이죠. 그렇다면 원조 피노키오, 즉 콜로디의 피노키오는 어떤 주인공일까요?

책은 한 목수가 말하는 나무를 발견하는 것에서부터 시작됩니다. '울고불고 말도 하는 나무라니!!' 싶었던 그는 이 나무를, 꼭두각시를 만들고 싶어 하던 다른 목수인 제페토에게 주지요. 제페토는 나무를 가지고 인형을 만들고

이름도 피노키오라고 지어주며 아
들로 삼지만 피노키오는 집에서 도
망칩니다. 도망친 지 얼마 되지 않아
경찰은 제페토가 피노키오를 학대
했다고 생각해 제페토를 감옥에 가
둬버립니다. 제페토가 감옥에 갇힌
사이 집으로 돌아간 피노키오는 디
즈니 피노키오에서는 양심의 역할
을 하며 피노키오를 따라다니는 귀뚜라미를 발견합니다. 하지만 귀뚜
라미가 영 맘에 안 드는 말을 하자 귀뚜라미를 죽여버리죠.

   그날 밤 난로 앞에서 잠이 든 피노키오는 아침에서야 자기 발이 다 타
서 없어졌다는 것을 알게 되고 감옥에서 풀려난 착한 제페토는 피노키
오에게 자기 아침도 건네주고 발도 만들어주고, 학교를 갈 수 있도록 한
벌뿐인 외투를 팔아 책도 사줍니다. 물론 예상하셨겠지만 학교는 무슨
학교! 학교에 가는 길에 꼭두각시 극장을 본 피노키오는 제페토가 외투
를 팔아 사준 책을 바로 팔아치워버리고는
그 돈으로 꼭두각시 극장표를 삽니다.

   피노키오가 꼭두각시 극장에 들어가자
그곳의 꼭두각시들은 피노키오를 알아보
고는 연극을 때려치우고 피노키오를 반기
러 옵니다. 극장 주인은 열이 머리끝까지
올라 피노키오를 땔감으로 쓰려 하죠. 하지
만 아빠를 찾으며 우는 피노키오의 울음에

마음이 바뀌어 다른 꼭두각시 인형을 땔감으로 쓰겠다고 합니다. 죽을 뻔한 위기에서 살아나 철이 든 것인지 피노키오는 다른 인형을 살리기 위해 자신이 죽겠다고 하죠. 그러자 극장 주인은 용감한 소년이라며 아무도 땔감으로 쓰지 않고 피노키오에게 다섯 닢의 금화를 줍니다.

이제 철 좀 들었나 싶던 피노키오가 집으로 가던 중 절름발이 여우와 장님 고양이를 만납니다. 자기가 돈이 많다고 자랑하던 피노키오는 그들에게 속아 집으로 가지 않고 여우와 고양이에게 밥을 사주고 금화 나무를 키우겠다고 합니다. 얼마 전 피노키오가 죽여버렸던 귀뚜라미의 유령이 나타나 다시 한 번 착한 아이답게 그냥 집으로 돌아가라 말하지만 피노키오는 그 말을 다시 무시하고 금화를 땅에 묻어버리기 위해 길을 떠납니다. 하지만 이번에는 또 무시무시한 강도를 만나게 되었습니다. 강도로부터 도망치던 피노키오는 오두막 속 파란 머리의 아가씨를 보고 도와달라 부탁합니다. 하지만 파란 머리 아가씨는 여긴 모두 죽은 자들이라고 말하며 돕지 않고 피노키오는 결국 붙잡히게 되죠. 우리의 주인공 피노키오는 그렇게 나무에 목매달려 죽고 맙니다.

"오, 아버지, 아버지, 아버지께서 여기 계셨더라면!" 그는 눈을 감고, 입을 열고, 다리를 뻗었다. 그리곤 죽은 것처럼 나무에 목 매달렸다. ― 끝 [주27]

콜로디가 쓴 『피노키오의 모험 : 꼭두각시의 이야기』는 이렇게 비극적으로 끝을 맺습니다. 콜로디의 피노키오는 버릇없고 무례하며 남을 쉽게 믿고 고집쟁이이기에 결국 아버지인 제페토를 다시는 보지 못하고 죽고 마는 것이죠. 잡지에 연재되던 피노키오 이야기가 이처럼 갑작스럽고 끔찍하게 끝나버리자 수많은 독자들의 원성이 빗발쳤고 결국 콜로디는 1882년 2월 16일에 연재를 재개했습니다.

그와 함께 디즈니에서 가져갈 수 있었던 피노키오 최적의 장치인 '살아 있는 소년이 될 수 있다'는 내용이 추가되었고 피노키오는 단순히 어린 독자들을 위한 교훈뿐만 아니라 종교적, 사회적, 정치적 상징성까지 담게 되었죠. 그리고 말 안 듣는 어린 반항아의 비극적 말로였던 피노키오가 되살아남으로써 비극이 될 수 없게 되자 그 대신에 콜로디는 이 '말 안 듣는 어린 반항아'가 최대한 무시무시하고 골치 아픈 벌을 계속 받도록 만들죠.

전체적으로 봤을 때 『피노키오』는 당시 사람들에게 익숙했던 아동문학과는 거리가 있었습니다. 일단 시작부터 달랐죠. "옛날 옛적에……! '왕이 살았어요!'라고 나의 어린 독자들은 말하겠지요. 아니요. 어린이 여러분, 틀렸어요. 옛날 옛적에 나무 하나가 있었습니다."라고 『피노키오』는 시작합니다. 왕과 공주, 왕자와 착하고 행복한 동물들이 등장하는 동화들과는 달리 『피노키오』에는 가난, 죽음, 범죄, 굶주림, 추위, 고통 등이 끊임없이 나옵니다. 시작부터 목수가 제페토에게 피노키오를 만들 나무를 주기 전 말싸움이 주먹다툼으로 변하기도 하고, 굶주린 피노키오가 달걀을 먹으려고 하자 달걀 안에서 새가 나와서 달아나고, 빵을 구걸하다가 차가운 얼음물을 뒤집어쓰기도 하죠. 피노키오는 귀뚜라미를 죽인 이야기를 제페토에게 하며 "죽을 만한 짓을 해서 죽였다."라고 아무렇지 않게 말하고, 제페토는 피노키오가 공부를 열심히 해서 제페토의 노후를 책임지겠다고 말한 후에야 피노키오의 타버린 발을 다시 만들어줍니다.

지금 보면 놀랍지만 당시에는 당연한 일이었으니 시대의 차이를 이해하고 봐주어야겠죠? 그래도 제페토는 결국 피노키오의 교육을 위해 찬바람이 휘몰아치는 날 자신의 한 벌뿐인 외투를 팔아 ABC 책을 사주었으니까요.

이처럼 그야말로 먹고 살기 힘든 하루하루인데 피노키오는 시작부터 좋은 아이가 될 기미가 영 보이질 않습니다. 나무를 깎으며 입을 만든 순간부터 깔깔거리고 웃으며 제페토를 놀리고, 손을 만들어주자 제페토의 가발을 뺏어가며, 발을 만들어주자 제페토의 코를 걷어차 버리죠. 걷지 못하는 피노키오에게 한 발 한 발 내딛는 법을 알려주자마자 곧장 집에서 달아나버리기까지 합니다.

게다가 제페토가 자신이 먹을 음식인 과일을 모두 내어주자 피노키

오는 껍질을 까달라며 투정부리고 심지어 먹지 않겠다고 고집을 부립니다. 제페토는 삶이 우리에게 어떤 시련을 줄지 모르니 음식 투정은 해선 안 된다고 하지만 피노키오는 들은 척도 하지 않죠. 타서 없어져버린 발을 고쳐달라고 하면서 피노키오와 제페토가 나누는 대화를 보면 옛날이나 오늘날이나 말 안 듣는 아이들이 대꾸하는 말은 똑같은가 보다 싶기도 합니다.

"왜 내가 네 발을 다시 만들어주어야 하지? 또 집에서 도망가는 꼴을 보라고?"
"약속할게요." 꼭두각시가 울면서 말했습니다.
"앞으로는 착하게 굴 거예요."
"아이들은 뭘 원할 때 꼭 그렇게 말하더구나."
제페토가 말했습니다.
"공부하고 성공하기 위해 매일 학교도 갈 거고……."
"아이들은 꼭 자기 마음대로 하려 할 때 그 말을 하더구나."
"하지만 난 다른 애들이랑 달라요. 걔네보다 난 더 잘났고 난 늘 진실만을 말해요. 약속할게요, 아버지, 사업을 배워서 아버지 노후에 편안함을 드릴게요."
아주 엄하게 보이려 노력하고 있지만 제페토는 피노키오가 이처럼 불행한 것을 보고 눈에 눈물이 차오르고 마음이 약해졌습니다. 더는 말하지 않고 연장과 나뭇조각 두 개를 가져와 일을 하기 시작했죠. (중략)
"제가 얼마나 감사한지 보여드리기 위해 지금 학교에 갈게요, 아버지. 그런데 학교에 가려면 옷이 필요해요!"

제페토에겐 돈이 하나도 없었기 때문에 꽃무늬 종이로 옷을 짓고 나무껍질로 신발을 만들고 반죽으로 작은 모자를 만들어 씌워주었습니다. 피노키오는 스스로를 물동이에 비춰 보고는 아주 행복해져서 자랑스럽게 말했습니다.

"이젠 나도 제법 신사 같네요."

"그렇구나," 제페토가 답했습니다.

"하지만 깨끗하고 단정하지 않다면 좋은 옷이 사람을 돋보이게 하는 건 아니라는 걸 기억해라."주28

이런 피노키오의 버르장머리 없는(?) 행동을 어린 독자들이 따라할까 염려되었는지 달걀에서 새가 나와 달아나자 "집에서 가출하지 않았다면 아버지께서 먹을 것을 주셨을 텐데." 하고 후회하는 등 '귀뚜라미 말이 맞았다', '난 나쁜 일을 당해도 싸다', '아버지께 복종했어야 하는데'라는 식의 말을 피노키오는 지겨우리만큼 반복합니다.

"아, 나는 얼마나 불행했는가." 피노키오는 혼잣말을 했다. "그렇지만 난 이 모든 일을 당해도 싸. 난 분명히 아주 고집쟁이였고 멍청했으니까! 난 늘 제멋대로 하려고 하지. 난 날 사랑하고 나보다 똑똑한 사람들이 하는 말에 귀 기울이려 하지 않아. 하지만 지금부터는 난 달라질 거야. 그리고 가장 순종적인 아이가 되어야지. 그 어떤 의심의 여지도 없이 난 알게 되었어. 반항적인 아이들은 행복으로부터 아주 멀리 떨어져 있다는 것을 말이야. 그리고 결국엔 그 반항아들은 벌을 받게 된다는 것을. (중략) 세상에 나보다 나쁘거나 더 무정한 아이가 또 있을까!" [주29]

나무에 목이 매달려 바람에 흔들리던 피노키오를 다시 살리기 위해 카를로 콜로디는 파란 머리 요정을 이용합니다. 불쌍하게 목 매달린 피노키오를 요정이 나타나 구해주는 것이죠. 여담이지만 원작에서는 '파란 머리'이기 때문에 파란 요정인 이 요정을 디즈니에서는 백인인 요정이 머리는 금발인데 '파란 옷'을 입어 파란 요정이라고 칭하고 있어 인종차별 아니냐는 논란이 있기도 했답니다.

파란 요정은 피노키오를 데려와 의사들에게 보여주는데 죽은 자들이 있는 집이라 하였던 탓인지 일찍이 죽었던 말하는 귀뚜라미가 의사로 다시 등장합니다. 그리고 콜로디는 독자들이 혹시라도 잊었을까 걱정했는지 기절해 있는 피노키오를 다시 한 번 비판하지요.

"저 꼭두각시는 나한테 낯설지 않군요. 난 저 아이를 오랫동안 알고 있었어요."

여태까지 조용했던 피노키오는 이 말에 몸을 아주 크게 덜덜 떨어 침대가 흔들렸습니다.

"저 꼭두각시는요," 귀뚜라미가 말을 이었습니다.

"최악의 악동이죠."

피노키오가 눈을 떴다가 다시 감았습니다.

"저 꼭두각시는 무례하고 게으르며 가출 소년이에요."

피노키오는 이불 밑으로 얼굴을 숨겼습니다.

"저 꼭두각시는 아버지의 가슴을 찢어놓은 반항아예요!" [주30]

죽다 살아나면 사람이 바뀌는 법이라는데 피노키오는 인형이기 때문인지 전혀 바뀌지 않습니다. 요정이 다가와 약을 먹이려 하자 쓰다며 설탕만 먹으려고 하죠. 설탕을 먼저 먹으면 약을 먹겠다고 약속했다가 설탕만 먹고는 말을 바꿔서 발밑에 푹신한 베개 때문에 못 먹겠다고 하고 약을 먹으니 죽겠다는 둥 요정을 아주 피곤하게 만듭니다. 그러다가 저 승사자가 다가오자 그제야 약을 먹겠다고 소리를 지르죠. 그동안 무슨 일이 있었는지 알려달라는 요정의 말에 설명하던 피노키오는 금화가 어디에 있는지에 대해 거짓말을 합니다. 바로 여기서 그 유명한 '거짓말=코가 길어짐' 장치가 등장하죠.

"거짓말은 말이다, 이 작은 아이야, 쉽게 알아챌 수 있단다. 거짓말엔 두 종류가 있지. 다리가 짧은 것이 있고 코가 긴 것이 있단다. 네 것은 코가 긴 거짓말이로구나." [주31]

코가 엄청 길어져서 문 밖으로 나가지도 못하게 된 피노키오가 울고불고 징징거리자 파란 요정은 이번만 도와준다며 딱따구리들을 불러 피노키오의 코를 원상태로 돌려줍니다. 이후로도 피노키오의 힘든 여정은 계속됩니다. 강도한테 당하고도 정신을 못 차렸는지 금화를 불리겠다며 금화를 땅에 심었다가 여우와 고양이에게 뺏기고, 넉 달동안 감옥에 갔다가 집으로 돌아오니 파란 요정이 피노키오를 기다리다 죽었다는 팻말을 보고 경악과 슬픔을 겪기도 하죠. 물론 진짜 죽은 것은 아니었지만요.

콜로디의 피노키오에게는 책이 끝날 때까지 굶주림과 신체적, 정신적 고통이 계속 가해집니다. 심지어 피노키오를 생선처럼 튀겨먹겠다는 어부에게 잡혀 밀가루에 파묻히고는 튀겨지기 직전까지 가게 되기도 하죠. 책이 끝날 때쯤 피노키오의 고생에 피날레를 장식하는 에피소드로 당나귀가 되어 서커스단에 끌려가 비웃음을 당하고는 절름발이가 되어 또 다시 팔려나가 가죽이 벗겨질 위험에 처하기도 합니다.

어린이 여러분, 드럼용 가죽이 될 거라는 소식을 들은 피노키오를 아주 즐겁게 상상해보세요! 주32

얼마 후 당나귀가 된 피노키오는 가죽을 쓰려는 주인에 의해 바다로 던져지지만 바다의 힘으로 다시 꼭두각시 인형으로 돌아옵니다. 하지만 기쁨도 잠시, 곧 커다란 상어에게 잡아먹히죠(영화에선 고래인데 여기서는 상어랍니다). 상어 뱃속에서 제페토와 재회하고 (어떻게 뱃속에서 사람

이 살아 있었는지에 대해 의문을 품으신다면……, 잠시 우리의 사라진 동심에게 묵념을 해줍니다) 탈출을 감행합니다. 뭐, 물론 성공하지요. 탈출할 때 피노키오는 제페토를 등에 업어서 데리고 나오고 집으로 돌아와 잠이 듭니다. 그러자 파란 요정이 꿈에 나타나 말하죠.

"브라보, 피노키오! 너의 착한 마음에 대한 보상으로 그동안의 말썽을 모두 용서해주마. 나이 들고 아픈 부모님을 보살피고 사랑하는 소년들은 비록 복종과 좋은 행실의 모범생 같은 삶을 살지 않더라도 칭찬받을 가치가 있지. 앞으로도 잘하면 넌 행복해질 거야." 주33

다음 날 눈을 뜬 피노키오는, 예상하셨다시피, 인간 소년이 되어 있었답니다. 그토록 주야장천 '말썽꾸러기는 한두 번 착한 일을 하더라도 결국 아주 무시무시한 벌을 받는다'는 얘기를 하고 또 하고 계속했던 『피노키오』가 끝이 납니다.

콜로디의 원조 피노키오는 우리가 기억하는 피노키오의 모습과 많이 다르죠? 디즈니에서 콜로디의 피노키오를 사랑스럽고 착한 아이로 바꾸기 위해 얼마나 노력했는지 느껴집니다. 결국 20세기 아이들이 디즈니의 「피노키오」를 통해 '진실되고 양심의 목소리에 귀를 기울이면 소원을 이룰 수 있다'는 교훈을 얻으며 꿈과 희망으로 빛났다면, 19세기 이탈리아의 원작 『피노키오』는 아이들에게 '어른 말 안 듣고 못되게 굴면 목 매달리고 고문당하고 굶주리고 고통에 몸부림치게 될 것'이라는 무시무시한 협박성(?) 교훈을 주입한 것입니다. 여러분은 어떤 피노키오에서 더 교훈을 얻을 것 같은가요?

12. 아기 농장과 천사를 만드는 사람들

빅토리아 시대에 '아무도 원치 않는 아기'는 어디로 갔을까

갓난아기는 빽빽 울고, 남편은 도망갔고, 당신은 혼자서 일도 해야 하고 애들도 키워야 합니까? 아직 결혼도 하지 않았는데, 하룻밤 불장난이었을 뿐이었는데, 당신의 배가 점점 불러옵니까? 이유는 자세히 말할 수 없지만 당신의 품에 원치 않는 아이가 안겨 있습니까? 걱정하지 마세요. 저희가 데려가 천사처럼 키워드리지요. 원하신다면 아름다운 가정에 입양도 시켜드릴게요. 저희가 바라는 건 단 하나밖에 없습니다. 애 키우려면 돈이 드는 건 알고 계시죠? 그러니 일단 돈부터 줘보세요. 그럼 짠! 마법처럼 당신의 문제는 사라집니다.

옛말에 '아이를 키우기 위해서는 한 마을이 필요하다'는 말이 있다고 합니다. 그만큼 육아가 정말 힘든 일이라는 말인데요. 요즘처럼 맞벌이로 부모가 모두 일을 나가는 것이 아니라 남편은 밖에 나가 돈을 벌어오

고 아내는 집에서 갓난아기들과 씨름하며 육아를 하는 전통적인 가정에서도 육아는 어렵고 스트레스를 주는 노동이었습니다. 심지어 대가족이 모여 살아서 다들 아기를 챙겨줘도 아기의 넘쳐나는 체력에 다들 나가떨어지고는 합니다.

그런데 만약 이 상황에 남편은 없고 여자 혼자 일도 하고 아이도 낳아 키워야 했다면 얼마나 힘든 일이었을까요? 사실 이것저것 재지 않아도 혼자서는 목도 가누지 못하는 핏덩어리를 자기 앞가림을 할 수 있는 어엿한 성년으로 키우는 일은 아이 엄마가 혼자서 감당하기에는 너무나 버겁고 힘에 부치는 일입니다. 더욱이 아기 아버지가 없는 이유가 남편과 사별을 했거나 남편이 멀리 일하러 떠났기 때문이라는, 사회 통념상 이해되는 이유가 아니라 아이 아버지가 누군지도 모른다든지 결혼도 하지 않은 채로 아이가 생겼다든지 하는 주변의 따가운 눈총까지 받을 일이 생긴 것이었다면……. 아이 엄마가 감당해야 하는 고통은 몇 배로 증가했죠.

요즘은 엄마 혼자 아기를 키워야 한다거나 엄마도 아빠도 모두 일을 나가면 보육원이나 어린이집, 유치원 등의 보육 시설에 돈을 지불하고 부모가 일하는 동안 아이를 맡겨놓고는 합니다. 그렇다면 산업혁명 무렵에는 어떠했을까요?

물론 옛날에도 부모 대신 아이를 돌봐주는 사람들은 존재했습니다. 유모라든지 보모 등의 직업이 있었으니까요! 이들은 아예 아이들의 집에 거주하며 아이들을 돌봐주기도 했고 부유한 집안의 딸이 사고를 제대로 쳤을 경우에는 유모를 고용하여 아예 다른 집으로 아이와 유모를 보내어 살게 함으로써 문제를 덮어버리기도 했습니다. 하지만 아무래도 가난한 집안의 여성들은 이런 종류의 사치를 부릴 여유가 없었죠. 집에서는 쫓겨나고 남자는 떠나버린 상황에서 여성들이 기댈 수 있는 곳은 나라나 복지기관에서 제공하는 도움이었습니다. 하지만 1834년 영국에서는 이러한 여성들과 빈민들을 돕겠다는 취지로 만들어진 신구빈법이 오히려 이들의 발목을 붙잡게 되었습니다.

17세기부터 영국에 존재했던 강제노역소 또는 구빈원에서는 굳이 그곳에서 일을 하는 사람이 아니더라도 먹을 것이나 입을 옷을 구걸하는 사람들이 찾아오면 끼니라도 때우고 몸에 뭐라도 걸칠 수 있도록 옷을 챙겨주고는 하면서 나름 빈민을 위한 복지를 선보였습니다. 그런데 신구빈법이 생긴 이후로는 가난한 사람들이 앞을 헤쳐나갈 수 있도록 기술을 가르치겠다며 반드시 강제노역소에서 일을 해야만 음식과 옷을 얻을 수 있었죠. 아이가 있는 엄마들은 원한다면 얼마든지 강제노역소에 아이와 함께 들어가 일도 하고 기술도 배우고 할 수 있었지만 어찌된 일인지 대부분의 사람들은 밖에서 굶더라도 강제노역소에는 들어가고 싶어 하지 않았습니다.

엄마들이 게으르고 일을 하기 싫어했기 때문일까요? 왜 아무도 강제노역소에서 일을 하기 싫어했는지를 알아보기 위해 19세기 영국 빈민의 참혹한 삶을 생생하게 묘사한 작가 찰스 디킨스의『올리버 트위스트』한 대목을 읽어봅시다.

올리버를 비롯한 아이들은 석 달 동안 천천히 굶어죽는 고문을 당하는 셈이었고, 결국 굶주림으로 몹시 앙칼졌다. 어느 날 아이들은 회의를 열어, 저녁 때 누가 구빈원장 앞에 가서 먹을 걸 더 달라고 할 것인지 제비를 뽑았는데, 뽑힌 사람은 올리버 트위스트였다.

저녁 때가 되자 아이들은 각각 자리에 앉았다. 구빈원장은 앞치마를 두르고 솥단지 앞에 섰고, 그 뒤의 보조원 아줌마들이 붉은 죽을 나눠줬다. 보잘것없는 식탁에 긴 식사 기도가 이어졌다. 죽이 금세 사라지자 아이들은 수군거리며 올리버에게 눈짓을 했고, 옆의 아이들이 팔꿈치로 그를 찔러댔다. 비록 어렸지만 올리버는 굶주림에 시달려 사나워졌고 눈에는 거칠 것이 없었다. 그는 사발과 숟가락을 들고 일어나, 스스로도 제 용기에 놀란 기색으로 구빈원장에게 다가간 다음 말했다.

"원장님, 조금 더 주세요."

구빈원장은 꽤 몸집이 큰 남자였으나 곧 창백해졌다. 그는 어린 반역자에 놀라 잠시 넋을 잃고 쳐다보다가, 솥단지에 기대어 겨우 정신을 차렸다. 보조원들은 깜짝 놀랐고, 아이들은 두려워 떨고 있었다.

"뭐라고!"

구빈원장이 작은 목소리로 이내 입을 열었다.

"원장님, 조금만 더 주세요."

구빈원장은 올리버의 머리를 국자로 한 대 내리치고 나서 두 팔로 붙든 채 소리치며 하급 교구관을 불렀다.

이사들은 비밀회의 중이었는데, 갑자기 흥분한 범블이 뛰어들어와 높은 의자에 앉은 사람에게 말했다.

"죄송합니다만 림킨스 이사님, 올리버가 죽을 더 달라고 했답니다!"

『올리버 트위스트』 초판(1838)에 실린 삽화.

모두들 깜짝 놀랐다.

"죽을 더 달라고 했다고! 내 말에 확실히 대답하게. 그 아이가 규정대로 준 저녁을 다 먹고 나서도 더 달라고 했다는 건가?"

림킨스의 물음에 범블이 대답했다.

"그랬습니다."

"교수형 감이야."

흰 조끼를 입은 신사가 말했다.

"틀림없이 그놈은 교수형을 당할 거라고." [주34]

실제로도 강제노역소는 아주 엄격하고 폭력적이고 열악한 환경이라 아기 엄마와 갓난아기가 건강하고 행복하게 지내기에는 무리가 많은 곳이었습니다. 그래서 아기 엄마들은 강제노역소에는 절대 들어가지 않으려 안간힘을 썼지요.

강제노역소에는 가기 싫지만 돈은 벌어야 하는 미혼모가 건전하게 일을 할 수 있는 곳은 또 한 군데 있었습니다. 당시 영국의 중산층 이상 가정에서는 집에 하인을 적어도 2명 정도는 두는 것이 일반적이었습니다. 특히 집안일을 다 돌보고 요리도 하는 하녀가 가장 인기 있었죠. 우리가 '하녀' 하면 떠올리는 검은 옷에 하얀 앞치마 차림의 여인들의 시대였던 셈입니다. 하녀가 되면 주인집에서 먹고 자고 하면서 일을 하는 것이었으니 집도 없고 일자리도 없는 여자들에게는 정말 최적의 직업이었습니다. 딱 한 가지 문제만 빼고는 말이죠. 그건 바로 아기는 데리고 갈 수 없다는 것이었습니다. '아니, 그럼 애는 어쩌고……!' 이렇게 생각하신 여러분, 걱정 마세요. 하녀를 하려는 사람이 있다면 보모를 하려는 사람도 당연히 있을 테니까요!

보모 일을 하겠다고 나선 여자들은 대개 가정주부들로, 살림을 하고 자기 아이들을 키우면서 다른 아기를 챙기면 소소한 수익도 올릴 수 있어 좋았고, 아기 엄마들은 매주 보육료를 지불하면서 마음 놓고 일을 하고 틈틈이 아기를 보러 갈 수도 있었으니, 그야말로 모두가 만족하는 상황이 만들어졌습니다. 이런 식으로 갓난아기를 계속 맡겨두거나 또는 유아가 될 때까지 부모와 떨어져서 보모의 손에서 키우는 것은 굉장히

아이를 떼어놓고 하루 종일 손이 부르트게 일하는 엄마 마음이 편하랴.

흔한 일이었습니다. 『오만과 편견』(1813)의 작가로 유명한 제인 오스틴 역시 전혀 가난하지 않은 집안에서 태어났지만 갓난아이일 때부터 유아가 될 때까지 보모의 집에 맡겨졌으니까요.

더군다나 어린 아이일수록 도시가 아닌 시골에서 키우는 것이 건강하게 자란다는 믿음이 굉장히 강해서 이런 양육 방식은 더더욱 환영받았습니다. 옛날에 쓰인 책들을 보면 공기 좋은 곳으로 요양을 가야겠다거나 공기가 나빠서 아픈 거라는 이야기가 자주 나오죠? 물론 생각해보면 그런 믿음이 처음에는 별로 신빙성이 없었을지 모르지만 19세기 산업혁명이 진행되면서 이 말은 점차 일리 있는 주장이 되었습니다. 산업화가 급속도로 진행되는 도시의 환경은 점점 더러워지고 그걸 정화할 수 있는 시스템은 아직 갖추어지지 않았는데 사람들은 계속 쏟아져 들어오면서 도시는 점점 아기를 키우기에는 영 좋지 못한 환경으로 변해 갔습니다.

그러자 엄마들은 차츰 아기를 도시에서 멀리 떨어진 깨끗한 곳에 맡기게 되었고 결국에는 보육료를 매주 지불하는 방식이 아니라 '프리미엄'이라고 부르는, 한꺼번에 많은 돈을 지불하고 아이를 '입양' 시키는 방식을 택하게 되었죠. 여기서 '입양'은 정말로 아기를 남의 자식으로 만드는 것이었다기보다는 상대의 보호 아래 아이를 맡기고 언젠가는 다시 찾아갈 날을 기다리면서 일을 하는 것이었습니다. 아직 입양에 대한 제대로 된 절차나 법률이 만들어지지 않았던 시절이라 이런 행동을 규제하거나 관리, 감독할 방법 역시 없었습니다.

자, 이제 무슨 일이 일어났을까요? 돈을 위해 갓난아기를 맡은 낯선 사람은 한번에 큰돈을 받고 아기 엄마가 확인도 할 수 없는 머나먼 곳으로 아기를 데리고 가서 연기처럼 사라져버릴 수 있게 되었습니다. 이 낯선 사람은 아기를 건강하고 행복하게 돌봐줄까요? 도시에서 일하는 엄마와 먼 곳에 맡겨져 자라는 아이라니, 빅토르 위고의 『레미제라블』속 코제트가 떠오르는 장면이지요. 『레미제라블』을 볼 때는 코제트가 한없이 가여웠는데 실제로 일어난 사건들을 보면 오히려 코제트는 정말 운이 좋은 아이가 아닐 수 없습니다. 왜냐면 이때부터 '아기 농장', '아기 농부'라는 말이 등장하기 시작했거든요.

아기 농장, 아기 농부라니 무슨 뜻일까요? 한번에 많은 돈을 받고 연락할 필요도 없이 아기를 데려간 사람들은 곧 이 사업에서 가장 많은 이익을 창출하는 방법을 깨달았습니다. 그건 바로 아기로 장사를 하거나

『레미제라블』 초판(1862)에서 에밀 바야드가 그린 코제트의 초상화.

아기에게 들어갈 비용을 줄이는 것이었죠. 일단 아기로 장사를 하기 위해서는 아기 엄마한테 돈을 받고는 입양을 원하는 다른 부모에게 또 큰돈을 받고 아기를 넘기는 식으로, 현대식으로 말하자면 입양 브로커로 활동하기도 했고 입양을 해 갈 부모를 찾을 수 있을 때까지 이 아기 농부에서 저 아기 농부로, 아무것도 모르는 아기를 물건처럼 점점 더 싼 가격에 팔고 또 팔았습니다.

더욱 충격적인 방법도 존재했습니다. 아예 파는 것을 생략하고 아기 엄마가 준 돈을 전부 다 챙기되 아기에게는 돈을 최대한 적게 쓰는 방법이었죠. 하루에도 몇 번이고 밥 먹이고 기저귀 갈고 챙겨줘야 하는 아기에게 들어갈 돈을 줄이는 방법은, 예상하셨을지 모르지만, 아이를 죽이는 것이었습니다. 한번에 죽이면 너무 티가 나니까 아이에게 약을 먹여 잠만 재우면서 죽게 내버려두거나 극소량의 음식만 줘서 서서히 굶어 죽게 하거나 뒤집은 채로 내버려두어서 무관심 속에서 죽게 만드는 등의 방식으로 아기를 죽이곤 했습니다.

이처럼 한번에 많은 돈을 벌기 위해 6명이나 그 이상의 아기들을 데려와 멋대로 입양을 시키거나 팔아버리기도 하고 죽여서 시신을 처리하던 사람들을 '아기 농부'라고 부릅니다. 이 시절의 절망적인 분위기를 잘 묘사한 찰스 디킨스의 『올리버 트위스트』를 다시 한 번 보면, 구빈원에서조차 이러한 시대상이 드러납니다.

그래서 매주 지급되는 식비의 대부분을 자신의 몫으로 챙기고 아이들에게는 본원보다도 더 적은 음식을 주었다. 한 아이에게 세상에서 가장 영양가 없고 가장 적은 음식을 먹게 해놓으면 공교롭게도 아이는 영양실조와 추위로 병이 걸리거나 불에 데고 질식을 당하기 일쑤였다. 이런 경우 불쌍한 어린 목숨은 쉽게 저승의 부름을 받게 되는 것이었다.

침대보를 바꾸다 뒤집어 눌러 죽이거나 빨래를 삶다 끓는 물에 데어 죽인 아이에 대해서 꼼꼼히 사인을 조사하게 되면, 배심원들이 귀찮은 질문을 하거나 주민들이 진정서를 내는 일도 있다.

하지만 이런 쓸데없는 짓들은 교구 의사의 부검 보고서나 하급 교구관의 증언 하나면 즉시 마무리됐다. 의사는 검시 결과 늘 아무런 문제점을 찾지 못하고, 교구관은 위에서 바라는 대로 무엇이든 가리지 않고 증언했다. 또 교구 이사회는 분원에 정기 시찰을 가는데, 그때마다 하급 교구관을 미리 보내 자신들의 출발을 알렸다. 그리고는 자신들이 확인한 바로는 아이들이 항상 청결한 환경에서 말끔한 모습으로 생활한다고 했다. [주35]

물론 모든 아기가 아기 농장에서 곧바로 죽지는 않았습니다. 하지만 아기 농장이라는 단어 자체가 학대와 무관심으로 일관하는 아기 농부에게 맡겨지는 곳을 뜻하기 때문에 아기 농장에 맡겨진 모든 아기들은 굶주림과 이런저런 잔병에 시달렸죠. 아기들은 너무 일찍부터 엄마와 떨어져서 모유를 먹지 못했고 분유는 아직 발명되기 전이었습니다. 그래서 설탕물이나 우유를 먹고 설사를 하고 배앓이를 하며 그야말로 겨우겨우 자라났습니다. 그러니 전염병이라도 한 번 돌면 정신을 못 차리고 죽어나갔지요.

이런 아기 농장은 19세기부터 20세기 초까지 벌어졌기 때문에 정말로 아기를 사랑하지만 어쩔 수 없이 일을 해야 해서 아기를 맡기고자 했던 엄마들은 두려움에 떨었습니다. 여기서 더더욱 끔찍한 점은 이 아기 농부들이 런던을 포함한 전국에서 아기들을 데려올 때 모든 어머니들이 아기가 행복하게 지낼 것이라 믿었던 것은 아니라는 것입니다. 대부분은 순진하게도 아기가 좋은 사람에게 맡겨져 잘 자랄 것이라 생각했지만 몇몇은 아기를 낳자마자 아기 농부에게 건네주고 '알아서 처리할 것'이라고 믿었습니다. 한마디로, 죽이라는 뜻이었죠. 아기 농부에 관한 일이 알려지자 언론과 대중은 경악을 금치 못했으나 그렇다고 해서 문제가 쉽사리 해결되지는 않았습니다. 여전히 복지는 없다시피 했고 가난한 미혼모는 입에 풀칠하기도 힘들었으며 아기들은 출생신고도 되지 않은 채로 죽어나갔죠.

> 언론 역시 이 문제에 대해 공식적인 대처를 요구하는 캠페인에 힘을 실었다. 「홀 패킷*Hull Packet*」과 「이스트 라이딩 타임즈*East Riding Times*」는 런던에서 일어난 아기 농장 사건에 대해 매우 우울한 기사를 내보냈다. 기사에 따르면 2주 된 갓난아기가 아기 농부임이 확실한 쿠퍼 부인에게 맡겨졌다. 부유한 미혼모는 아이 아버지와 결혼을 하고 호주로 이주할 계획이라며 자신과 아이 아버지 모두 아기가 사랑이 가득한 집에 온전히 입양되기를 바란다고 아기 농부에게 밝혔다. 그녀는 곧 굉장히 고급스러운 옷(빨간색 외출용 드레스와 하얀 깃털이 달린 스카치 모자 등)을 한 꾸러미 건네주고 10파운드를 입양비로 내놓았다. 물론, 아이는 건강하게 자라기는커녕 죽었다. 아기 농장에 관해서라면 이 이야기는 놀라울 것도 없지만 (중략) 이 기사는 아이들을 보육(위탁이라 할 수도 있다) 또는 입양하는 이들에 대한 등록과 영유아의 출생신고에 대한 철저한 관리감독이 필요함을 강조하고 있다.^{주36}

아기 농부들 중에서도 유독 악명 높은 두 여인이 있었으니 마거릿 워터스와 아멜리아 다이어입니다. 마거릿 워터스는 위에 말한 대로 돈을 쉽게 버는 방법을 금세 깨달은 아기 농부였습니다. 초반에는 아기를 다른 농부에게 팔아넘겼지만 곧 자신이 아기들을 전부 돌보고 돈도 몽땅

배고파 우는 아기에게 아편을 먹인 괴물, 마거릿 워터스.

챙기기 시작합니다. 배가 고파 울부짖는 아기들에게는 아편을 섞은 약을 잔뜩 먹여 정신을 못 차리도록 만들었고 아기들은 결국 약에 취하고 영양은 부족하여 굶어 죽었습니다. 결국은 경찰에게 꼬리를 잡혀 경찰들이 마거릿 워터스의 집에 쳐들어갔을 때, 그녀의 집에는 앙상하게 말라 죽어가는 대여섯 명의 아기들이 숨만 가늘게 쌕쌕 쉬고 있었습니다. 아기들은 곧장 구출되어 구빈원으로 보내졌지만 단 1명도 살아남지 못했습니다.

마거릿 워터스는 최소 16~19명의 아기들을 연쇄살해한 것으로 추측되며 알려지지 않은 채로 살해당한 아기들은 더더욱 많을 것으로 예상됩니다. 사람들은 영유아 연쇄살인마 워터스의 뉴스에 분노했고 그녀는 아기 농장과 관련되어 최초로 법정에 선 인물이었으며 아기 농부로서는 최초로 사형에 처해진 범죄자이기도 합니다. 마거릿 워터스가

마거릿 워터스의 처형. 마거릿 워터스는 처형되었지만 아기를 돈벌이 수단으로만 보는 범죄는 끊이지 않았다.

1870년에 교수형에 처해진 뒤, 영국 정부는 미혼모에게서 태어나는 갓난아기를 보호하기 위해 법을 만들기도 했지만 얼마 후 아멜리아 다이어가 등장한 것을 보면 그리 큰 효과는 거두지 못한 모양입니다.

평범한 구두장이의 딸로 태어나 코르셋 만드는 것도 배워보고 간호일도 배워봤던 아멜리아 다이어는 남편이 죽은 후 쉽게 돈을 벌 수 있는 방법을 찾다가 아기 농장에 대해 알게 됩니다. 마거릿 워터스의 목에 밧줄이 걸리기 1년 전, 동종업계에 뛰어든 아멜리아 다이어는 이후 무려 30여 년 동안이나 경찰의 눈을 피해 악독한 아기 농부로서 돈을 착착 벌어들였습니다.

처음에는 산파와 손을 잡고 신생아를 입양 보내거나 죽여주는 대신 산모에게서 돈을 받았던 아멜리아 다이어는 산파가 경찰을 피해 황급히 미국으로 도망가자 새로운 방법을 찾았습니다. 신문에 다음과 같은 광고를 낸 것입니다.

　　내 아이라고 부르고 키울 수 있는 사랑스러운 여자아이가 하나 있었으면 참 좋겠어요. 일단, 말씀드리자면 저희는 나름 잘사는 소박하고 가정적인 사람들이에요. 저희는 집을 소유하고 있어요. 저는 편안하고 좋은 가정을 꾸리고 있죠. 저는 아이를 돈을 위해 원하지 않아요. 그저 제 말동무가 되어주고 집에 기쁨을 가져다줄 아이를 원해요. 저와 남편은 아이들을 정말 좋아한답니다. 전 아이가 없어서요. 제게 오는 아이는 좋은 집에서 엄마의 사랑과 보살핌을 받게 될 거예요. 저희는 영국 성공회 신자랍니다. 물론 저는 아이를 제 자식처럼 키우고자 하지만 친엄마나 다른 사람이 아이를 보기 위해 찾아오는 것도 전혀 상관없어요. 아이가 잘 지내고 있다는 것을 확인해야 마음이 놓이실 테니까요. 서로 협의할 수 있었으면 좋겠네요. [주37]

갓 낳은 아기를 어찌 해야 할지 몰라 걱정이 태산인 미혼모가 보았을 땐 꿀보다 달콤한 광고입니다. 아기가 안정적이고 좋은 환경의 집안에서 아이를 사랑하는 양부모에게 맡겨져 배부르고 행복하게 자랄 수 있다니! 이쯤 되면 다이어가 요구하는 입양비쯤은 아기를 위해 엄마가 해줄 수 있는 최소한의 것으로 생각했을 것입니다. 당시 기준으로 가난한 미혼모가 모으기 힘든 돈이었지만 아기 엄마들은 먹을 것 안 먹고 입을 것 안 입고 모으고 모아 아멜리아 다이어에게 아기와 함께 건넸습니다. 아기 엄마 앞에선 사람 좋게 미소 지으며 잘 키우겠다고, 아기가 정말 예쁘다고 한 아멜리아 다이어는 아기 엄마가 눈물을 감추며 작별 인사를 하고 돌아서면 바로 하얀 테이프로 아기의 목을 졸라 죽여버렸습니다. 그리곤 축 늘어진 아기의 옷을 벗기고 갈색 종이 봉투에 아기를 집

아무것도 모르는 아기들의 생명을 앗아간 아멜리아 다이어. 지옥이 있다면 어떤 형벌을 받을까.

어넣고 꽁꽁 묶은 뒤 템스 강에 던져버렸죠. 마지막으로 아기 옷은 전당포에 팔아 치워서 불쌍한 아기로부터 10원 한 장이라도 더 얻어냈고요. 하얀 테이프로 아기의 목을 조르는 것이 아멜리아 다이어의 특징이었는데, 참으로 역겹게도 그녀 스스로는 이걸 뿌듯해 했습니다.

그러던 어느 날, 템스 강에서 노를 젓던 뱃사공은 강물 위를 둥실둥실 떠내려오는 갈색 봉투를 발견합니다. 이게 뭔가 싶어 건져본 뱃사공은 봉투 안에서 하얀 테이프로 목이 졸려 죽어 있는 갓난아기의 시체를 발견하고 소스라치게 놀라 경찰에 신고합니다. 경찰은 곧바로 조사에 착수하여 갈색 봉투에 매우 희미하게 남아 있는 토머스 부인이라는 이름과 주소를 겨우 읽어냅니다. 아멜리아 다이어의 수많은 가명 중 하나였던 토머스 부인을 경찰이 찾아갔을 때 아멜리아는 이미 그곳을 떠난 뒤였습니다.

사건 해결이 불가능해지는 것인가 하고 낙담한 순간, 며칠 사이에 템스 강으로 아기 시체가 둘씩이나 더 떠내려 왔습니다. 추적에 추적을 거듭한 결과 아멜리아 다이어는 경찰에 체포되었습니다. 아기들의 시체 상태에 대해 들은 아멜리아 다이어는 "내(가 죽인) 애들은 걔들 목에 두른 테이프로 알아볼 수 있지."라고 자랑하기도 했습니다. 처음에 발견되었던 아기의 이름은 헬레나 프라이로 아기 엄마가 아멜리아 다이어에게 아기를 맡긴 그날 밤에 살해되었습니다. 아멜리아 다이어는 아기를 한동안 옷장 구석에 버려두었다가 냄새가 너무 심해지자 대충 종이 봉투에 넣어 강에 던져버렸는데, 물에 가라앉게 할 만큼 충분한 무게의 물건을 함께 넣지 않아 아기 시체가 떠오르게 된 것이었습니다.

템스 강에 아기 시신을 버렸다는 것이 밝혀지면서 추가로 강바닥을 수색하자 아기 시신들이 더 발견되었고 다이어의 집을 수색한 경찰은 150킬로그램이 넘는 엄청난 아기 옷더미와 전당포에 아기 옷을 넘기고 돈을 받은 영수증, 아기 엄마들과 주고받은 편지 등을 발견했습니다. 하지만 그 어디에서도 살아 있는 아기는 발견되지 않았습니다.

재판에 넘겨진 아멜리아 다이어는 정신병으로 인한 무죄를 받기 위해 발버둥쳤지만 헬레나 프라이의 엄마는 아기의 신원을 증명했고 재판정은 냉정했습니다. 배심원은 불과 4분 30초 만에 평결을 내렸습니다. 유죄, 그리고 사형이었습니다. 그렇게 아멜리아는 자신이 죽인 수많은 아기들처럼 목에 줄을 두르고 세상을 떠났습니다. 차이라면 그녀가 죽었을 땐 사람들이 기뻐하며 저주를 뱉었다는 것이겠죠. 아멜리아 다이어는 무려 30여 년을 활동하며 아기들을 죽여왔기 때문에 살해한 아기들의 수를 정확히 알 수는 없습니다. 하지만 그녀가 체포될 무렵에

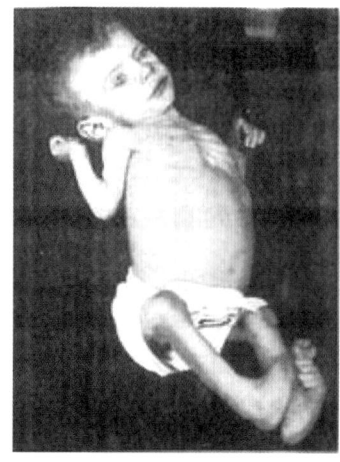
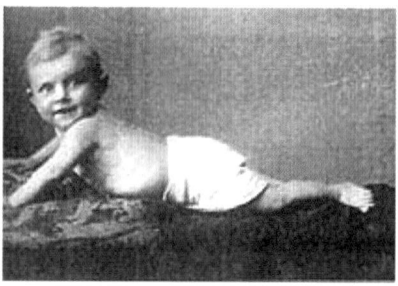

1917년 미국의 아기 농장에서 구출된 아기. 굶주림에 고통받았다는 것이 확연히 보이는 구출 전의 모습(왼쪽)과 통통하게 살이 오르고 얼굴에 미소를 띤 구출 후의 모습(위)이 너무나 대조적이다.

만 해도 몇 달 사이 20여 명의 아기가 다이어에게 맡겨졌던 점과 집에 있었던 수많은 아기 옷가지 등의 증거로 미루어 볼 때 최소 50명에서 많게는 400여 명의 어린 생명이 아멜리아 다이어의 손아귀에서 무참히 스러졌을 것으로 추정되고 있습니다.

 아기 농장과 아기 농부. 무척 충격적인 역사임에도 불구하고 20세기 초까지 이런 문제는 지속되었습니다. 누구의 관심도 받지 못한 채 태어나, 축복도 받지 못하고 낯선 사람의 품에 안긴 갓난아기들은 무방비 상태로 죽어나갔죠. 나라에서 법을 만들어도 그때뿐, 관리 감독은 철저하게 이루어지지 않았습니다. 그나마 다행히도 이렇게 희생되는 아기들에 대한 소식이 꾸준히 알려지면서 아동인권과 복지에 대한 인식이 새로워지고 입양, 보육, 아동학대 등에 대한 관련법들이 제정되면서 아기 농장과 아기 농부는 서서히 역사 속으로 사라졌다고 합니다. 그러나 오늘날에는 이런 아기 농장이 정말로 사라졌다 말할 수 있을까요? 어리고 방어할 힘 하나 없는 아이들이 비정한 어른들의 탐욕으로 인해 공장에서, 들판에서, 광산에서, 우리가 보지 못하는 수많은 곳에서 희생되는 일은 지금도 여전히 끊이지 않고 있습니다.

13. 뉴욕의 '시궁쥐들'을 싣고, 기차는 떠나네

이민자의 대륙이었던 19세기 미국의 참혹한 풍경

19세기 미국은 먹고 살기 빠듯했던 유럽의 가난한 사람들에게 그야말로 '젖과 꿀이 흐르는 파라다이스'라는 이미지를 가진 나라였습니다. 좀 오랜 시간, 생각했던 것보다는 좀 더 오랜 시간동안 배를 타고 극심한 뱃멀미에 시달리다 정신이 혼미해질 때쯤에야 도착하겠지만 그래도 일단 도착만 하면, 그리고 일 좀 열심히 하다보면 내 땅을 가질 수 있는 곳이 있다니! 꿀처럼 달콤한 이야기에 희망을 품은 수많은 사람들이 미 대륙으로 몰려들기 시작합니다.

하지만 미국에 가면 팔자 펴고 살 수 있다는 얘기는 나뿐만이 아니라 옆집 아저씨도, 이웃 마을 김 서방도 들은 소문인지라 너도나도 배에 바글바글하게 올라타고 미국으로, 미국으로 향했습니다. 그 탓에 1841년에서 1860년 사이 미국에 온 이민자 수는 무려 430만 명이 넘었죠. 이 많은 사람들이 새로운 미래를 꿈꾸며 미국으로 향했지만 여러분도 잘 아시다시피 세상은 그리 만만한 곳이 아니었습니다. 도시들은 사람이 너무나 많아져서 제대로 된 집조차 구할 수 없었고 일자리는 부족했으며 음식도 구하기가 아주 힘들었습니다. 소문으로 들었던 젖과 꿀이 흐르는 땅은 찾아볼 수 없었죠.

어찌어찌 일자리를 구한다고 해도 하루 종일 일하고 손에 쥐는 돈은 입에 풀칠조차 하기 힘든, 그야말로 푼돈이었습니다. 결국 요즘이라면 유치원에 다니거나 초등학교 1학년일 나이인 만 6살, 7살 아이들까지도 밖에 나가 할 수만 있다면 하루 종일 일을 해서 가족의 생계에 보탬을 주어야 했습니다. 워낙 위험하고 더럽고 힘든 환경이다 보니 수많은 아버지들이 일을 하다 사망했고 어머니들은 아직 어린 아이들과 함께 이 거친 신대륙에 혼자 남겨졌습니다. 그리고 얼마 후 빨래나 삯바느질 같은 일거리를 얻어와 밤새도록 일만 하던 어머니들까지 병을 얻어 목숨을 잃게 되면 달랑 혼자 남은 아이들은 고아원으로 보내졌습니다.

하지만 당시 고아원은 춥고 배고프고 더러운 도시에서 최대한 많은 아이들을 보살피는 것이 목적이었기 때문에 오늘날의 시각에서 보면 아동학대라는 생각이 들 정도로 열악한 환경이었습니다. 밖이랑 똑같이 춥고 똑같이 배는 고프지만 적어도 아이들 머리 위에 눈비를 피할 수 있는 지붕만 달랑 올려놓은 수준이었죠.

먹고 살기가 너무나 어려웠기 때문에 고아원도 미어터질 지경이었는데 심지어 고아원이나 길거리에 나앉은 아이들이 전부 고아는 아니었습니다. 아버지가 죽고 어머니만 남은 집안을 보고 정부는 가정에서 양육이 불가능하다고 판단하여 아이들을 고아원으로 보내버리기도 했고,

거리의 고아들. 부모의 보호도 없이 거리를 헤매고 다녀야 했던 아이들은 지속되는 굶주림과 추위로 고통받았다.

어머니가 죽고 아버지만 남은 집안에선 아버지가 돈을 벌기 위해 아이들을 포기하기도 했죠. 또한 아이가 너무 많은 집들에선 네가 알아서 밖에서 먹고 들어오든지 말든지 하라는 식으로 아이에 대해 무관심으로 일관하며 사실상 버리기도 했습니다.

그렇게 버림받거나 부모를 잃은 아이들은 차츰 뉴욕 시의 골칫거리가 되어갔습니다. 위에서 말한 다양한 이유들로 인해 이렇듯 보살핌을 받지 못하는 아이들이 정말이지 엄청난 속도로 증가했기 때문이었죠. 19세기 중엽인 1850년 무렵에는 뉴욕 시의 길거리를 돌아다니거나 고

19세기 중후반 뉴욕의 '시궁쥐들'이라 불린 거리의 아이들. 이처럼 버려진 아이들은 지켜주는 이 하나 없이 범죄의 손쉬운 표적이 되기도 했다.

아원에 버려진 아이들이 무려 3만 명에 다다랐습니다. 당시 뉴욕 인구수 대비 고아의 수를 오늘날 뉴욕 인구수에 대입해보면, 길거리를 배회하거나 고아원에 있는 아이들이 뉴욕 시에서만 무려 15만 명에 육박하게 됩니다. 상상이 가시나요.

겨울이 되면 한파가 몰아치는 뉴욕의 길거리에서 버려진 아이들은 덜덜 떨며 얼어 죽거나 동냥을 하거나 아니면 떼거리로 몰려다니며 행인들의 돈을 갈취하기도 했습니다. 뉴욕 경찰은 이 불쌍한 아이들을 '시궁쥐들'이라 불렀습니다. 쥐가 3만 마리 돌아다녀도 엄청난 사건일 텐데 어린이들이 3만 명이라니, 단순히 경제적인 문제뿐만 아니라 도덕적인 차원에서도 뉴욕 시는 이 사태를 방관할 수 없었습니다. 그리하여 아이들을 먹이고 입히기 위해 많은 사람들이 나섰지만 3만 명이나 되는 아이들을 뉴욕 시에서 일하는 몇 명의 사람들이 제대로 돌봐주는 건 불가능한 일이었습니다.

결국 찰스 브레이스(Charles Loring Brace)라는 목사가 뉴욕아동구호협회(New York Children's Aid Society)를 만들고 아이들을 제대로 돌보기 위한 아이디어를 냅니다. 그것은 바로 아이들을 한데 모아 기차에 태워 서부로 보내자는 것이었죠. 물론 오늘날 상식으로 생각해보면 아무리 길거리를 떠돌아다닌다고 해도 가족이 있는 아이들도 있고 엄마 아빠가 데리러 온다고 약속해서 뉴욕에 계속 있고 싶은 아이들도 있었겠지만, 당시에는 그런 상황을 일일이 신경 써줄 여력이 없었습니다. 브레이스 목사는 아이들의 미래를 위해서라도 고아원의 냉혹하고 무심한 교육이나 길거리의 차가운 시선보다는 바르고 제대로 된 서부 농장 가정들에서 가족과 지내는 삶이 훨씬 좋을 것이라 생각했습니다.

그렇게 1854년부터 1929년까지 아이들을 미국 각지로 실어 나르는 고아 열차 운동(?)이 벌어지게 됩니다. 옹알이를 하는 갓난아기부터 16살 난 청소년에 이르기까지 아이들은 어느 날 갑자기 박박 씻겨지고 새 옷과 새 신발을 받고는 기차에 실려 머나먼 서쪽으로 향했습니다. 아무도 아이들에게 왜, 그리고 어디로 가는지를 알려주지 않았죠. 가장 많은 아이들을 받아들인 주는 미시건, 아이오와, 일리노이, 미주리 주였으며 그 다음으로는 미네소타, 네브래스카, 캔자스, 인디애나, 펜실베이니아, 뉴저지 주였습니다. 애리조나와 미시시피에는 하나도 가지 않았지만 나머지 주들에는 많게는 3,000여 명까지 보내졌죠.

보통 2~3명의 어른이 30~50명의 아이들을 데리고 서부로 향했고 아

1853년에 뉴욕아동구호협회를 설립하고 고아 열차 운동을 주도했던 찰스 브레이스 목사.

이들에게 새로운 집을 찾아주는 것은 아주 좋은 일로 여겨졌기 때문에 기차 회사들에선 아이들의 기차표를 무료로 제공하거나 할인해주기도 했습니다. 대신 초기에는 아이들이 탄 기차의 상태는 그야말로 최악이었죠. 가축용 칸에 동물처럼 모아 이동시킨 수준이었으니까요.

기차를 타고 며칠을 달려 목적지에 도착하면 깔끔하게 차려입은 아이들은 마을의 극장 무대에 올랐습니다. 아이들을 보러 온 사람들은 무대에 서 있는 아이들을 꼼꼼하게 훑어보고는 마음에 드는 아이를 골라 집으로 데려갔죠. 당시 입양을 원하는 아이들이 무대에 '올랐기' 때문에 오늘날에도 '입양한다'는 말은 영어로 '입양을 위해 오르다(up for adoption)'라는 표현을 쓰곤 합니다.

이곳에서 좋은 부모님을 만나는 경우도 많았고 무서운 사람들에게

새 옷과 새 신발을 받아들고 서부로, 서부로 먼 길을 가야 했던 거리의 아이들.

끌려가는 일들도 있었지만 당시 고아 열차를 탔던 사람들은 나중에 이 무대에 서는 것이 얼마나 끔찍했는지에 대해 증언했습니다. 학예회를 하는 것처럼 이름을 귀엽게 말하거나 노래를 부르는, 그나마 훈훈한 경우도 있었지만 마치 노예나 가축을 살 때처럼 아이들의 몸을 주무르고 눈을 뒤집어보기도 했으며, 아이의 이가 모두 멀쩡한지 보기 위해 입을 억지로 벌리고 손가락을 집어넣은 일도 있었다고 합니다. 많은 경우 자신들이 원하는 아이의 외모를 말하며 금발인 아이나 흑발인 아이만 고르는 등 마치 노예 경매를 연상케 했죠. 간혹 원하는 아이를 서로 얻기 위해 소리를 지르고 주먹다짐을 하기도 했습니다. 하지만 그런 경쟁은 사실 아이가 사랑스럽거나 자식을 갖고 싶어서라기보단 농장에 일손이

기차가 떠나기 전, 다 함께 기념사진을 찍은 아이들은 어디에서 어떤 삶을 살았을까.

부족했기 때문이었죠.

  하지만 모든 아이들이 이렇게 정직하고 열심히 일하는 훌륭한 가정에 입양되었을 리는 없겠죠. 남자아이들은 농사일을 위해 데려갔고 여자아이들은 집안일을 돕게 하기 위해 데려갔으며, 어린 아이들에 비해 나이가 많을수록 순식간에 새 가정이 생겼습니다. 어리다거나 귀여움은 일손이 부족한 집안들에게 별로 고려사항이 아니었기 때문이었죠. 특히 갓난아기들은 사랑과 정성으로 제 자식처럼 키우려는 것이 아니라면 여러모로 골칫거리였습니다. 먹이고 입히고 씻기고 돌봐야 하는데 이 갓난아기들이 노동력을 제공할 때까지 키우려면 최소 몇 년이 걸렸으니까요.

  고아 열차를 탄 아이들이 제일 먼저 부딪히게 된 문제는 바로 형제자매들과의 생이별이었습니다. 아동노동이 당연시되었던 당시 아이를 하나 데려가서 일손을 덜려는 사람은 많았지만 굳이 둘이나 셋, 넷까지는 필요하지 않았던 어른들 때문에 오빠는 네브래스카에, 동생은 인디애나에 가게 되어 두 번 다시 보지 못하게 되는 경우도 많았습니다. 처

고아 열차를 타고 생이별을 해야 했던 어린 형제, 윌리엄과 토머스. 당시 많은 아이들이 이산 가족이 되어야 했다.

음에는 서로 편지를 주고받을 수도 있었지만 한 쪽 가족이 이사를 가버리거나 하면 연락할 수단은 증발해버리는 셈이었죠.

그런 예 가운데 하나가 위 사진에 등장하는 윌리엄과 토머스 형제입니다. 1880년 고아 열차를 타고 헤어진 이 형제 중에 형 윌리엄은 좋은 집에 보내져 행복한 유년기를 보냈으나 토머스는 학대와 힘든 노동에 시달려야 했죠. 훗날 성인이 되어서야 둘은 뉴욕 시에서 다시 만날 수 있었습니다.

브레이스 목사는 아이들을 데려갈 가족들에게 계약을 맺도록 하였는데 그나마 이 계약들이 아이들의 바람막이가 되어주었습니다. 계약에 의하면 15살 미만인 아이들은 해당 주의 법에 의거하여 교육을 받고 학교에 다니는 것을 보장해야 했고 15살 이상은 적어도 겨울에 농사일이 없을 땐 17살까지라도 학교에 보내도록 했습니다. 아동구호협회 직원이 아이들이 어떻게 사는지 확인하기 위해 매년 집을 방문했고 아이들은 협회에 1년에 두 번 편지를 써서 보내도록 했죠. 물론 숨기려면 얼마든지 부당 노동이나 학대를 숨길 수 있었겠지만 그나마 아이들을 보호해줄 수 있는 장치였던 셈입니다.

> **Ten Dollars Reward.**
>
> RANAWAY from the subscriber, living ten miles directly west of Champaign City, Illinois, a bound boy, named **Edward Kelly**, 15 years of age, rather small for his age, fair complexion, light hair, blue eyes, his face is slightly freckled, and by close inspection it will be noticed that he is pox marked; when he left he had on a hickory shirt, brown cotton overalls, black felt hat, and heavy boots.
>
> The above reward will be paid to any person bringing said boy back, or giving information, by letter, at the Champaign City P. O. or in any way so that I may get him.
>
> August 7, 1861.   G. W. YEAGER

'사례금 10달러.'
사용자로부터 달아남. 일리노이 주 샴페인 시 서쪽에서 10마일 지나 살고 있음. 계약에 매인 소년 이름은 에드워드 켈리, 15살, 나이에 비해 작음, 피부가 희고 밝은 색 머리카락에 파란 눈, 얼굴에 주근깨가 있으며 가까이서 자세히 보면 수두 자국이 있음. 도망쳤을 때 히코리 셔츠와 갈색 면 멜빵바지, 까만 펠트 모자와 부츠를 신고 있었음. 아이를 데려오거나 편지로 정보를 주거나 다른 방법으로 내가 가서 애를 데려올 수 있게 돕는 자에게는 위의 사례금을 드림. – 1861년 8월 7일, G. W. 이거.

하지만 그럼에도 불구하고 많은 아이들은 먹다 남은 음식을 먹고 '열차 타고 온 고아 놈들'이라며 무시당하고 학대당하고 영원히 가족의 일원으로 인정받지 못했습니다. 더군다나 당시 사회에서 많이 무시당했던 아일랜드 혈통임이 도드라지게 보인다면(머리가 빨간색이라든지, 누가 봐도 확연한 아일랜드식 이름을 가졌다든지) 그것 때문에도 더더욱 놀림받고 비웃음거리가 되었죠. 때문에 나이가 좀 찬 아이들은 견디지 못하고 도망쳐버리곤 했습니다. 위의 문구를 보면 애한테 도대체 무슨 짓을 했기에 애가 도망간 걸까, 싶어지는 광고지요. 에드워드 켈리가 어떻게 되었는지는 알 수 없지만 도망가서 조금 고생을 했더라도 행복한 삶을 살았기를 빌어봅니다.

하지만 아이들이 겪은 이런 고통스러운 일들은 잘 알려지지 않았습

1920년에 고아 열차를 타기 위해 기다리는 아이들. 이들에게도 '두 번째 기회'가 찾아올까.

니다. 겉으로는 아주 건실하고 정직한 농부 가족들에게 간 거리의 아이들이 튼튼하고 기운차게 자라고 있는 것처럼 보였죠. 이 때문에 몇몇 사람들이 아동을 노예 취급하는 것이라 반발했음에도 불구하고 해가 거듭될수록 고아 열차의 긍정적인 면들이 부각되어 가난 때문에 아이를 키우기 힘들었던 부모들이 자진해서 아이들을 고아 열차에 태워 보내기도 했습니다.

나중에는 가정이 필요한 아이들을 묘사한 광고 전단지들이 배포되기도 했는데 이 경우 읽어보고 원하는 아이를 '주문'하거나 협회에 원하는 아이의 성별, 피부색, 머리색, 눈 빛깔, 국적 등을 적어 주문하기도 했습니다. 그러면 아이가 '배달' 됐죠. 요즘이라면 그야말로 사회가 발칵 뒤집힐 일이지만 그때는 당연한 일이었습니다.

브레이스 목사의 뉴욕아동구호협회에서만 이런 일을 한 것은 아니고 해가 지날수록 이처럼 아이에게 새 가정을 찾아주는 일을 하는 단체들

고아 열차를 광고하기 위해 당시 그려졌던 그림. 오른쪽에서 왼쪽 방향으로 거리의 아이들이 구출되고, 중간에 서부로 향하는 열차를 타서, 입양이 되고 젊은 농부로 정직하게 잘 먹고 잘산다는 내용이다.

이 늘어났는데 특히 수녀원에서 운영하는 협회에서 아이를 데려갈 때는 반드시 '아이를 가톨릭 교리 안에서 키우며 학교를 보내고 내 자식처럼 대할 것'을 맹세하는 서약서를 작성해야 했습니다. 오른쪽 그림의 광고는 다음과 같은 내용입니다.

집 없는 아이들

아이들의 집 단체에서는 현재까지 2,990명의 아이들에게 집과 가족을 주었습니다. 저희 단체에서 돌보는 아이들은 모두 지능과 건강에서 특출난 아이들이며 생후 한 달부터 12살까지의 아이들이 있습니다. 아이들은 무료로 분양되며 90일간 시험 삼아 키워보실 수 있습니다(참고로 돌려보낼 경우 협회에서 비용을 부담하므로 새로운 가정들에선 돈 한 푼 쓰지 않을 수 있습니다).

이 아이들이 집을 찾고 있습니다 :

남아 8명

나이 10살, 6살, 4살 : 형제, 모두 건강하고 잘생김, 혈통도 좋음.

나이 6살, 4살 : 형제, 영국인 부모, 잘생김, 장래가 촉망됨.

나이 2살 : 금발, 잘생김, 건강함, 미국 혈통, 발 교정, 이제 잘 걸음.

나이 6살 : 어두운 머리와 눈, 잘생김, 영리함, 미국 혈통.

아기 10명

1개월에서 3개월짜리 남아와 여아.

남자아이 하나 - 좋은 두상과 얼굴, 검은 눈과 머리, 통통하며 예쁨, 3개월.

M. B. V. 반 아스데일 목사

'아이를 시험 삼아 무료로 90일만 키워보세요!' 라고 광고한 집 없는 아이들 광고.

물론 당시에는 이것이 최선이었음을 알면서도, 읽다보면 이게 강아지 분양 글인지 사람 입양 글인지 알 수가 없지요. 1854년부터 1929년까지 무려 75년 동안 전국으로 흩어졌던 아이들은 20만 명, 또는 그 이상이라고 추정되고 있으며 그 아이들 중에 사랑받고 교육도 잘 받은 아이들 중 몇몇은 자라서 주지사, 변호사, 의사, 기자, 목회자, 교사, 사업가 등이 되어 미국을 발전시키는 데 도움을 주었습니다. 그리고 다시 자신의 가족을 찾고자 서로를 찾기 시작하면서 최근까지도 고아 열차를 탔던 사람들끼리 만나 정보도 교환하고 자신들의 신산했던 삶에 대해

1905년에 찍은 어느 다섯 남매의 사진. 26살이었던 누나는 14살부터 10살까지의 어린 남동생들을 모두 돌볼 수 없다고 판단하고 아이들을 고아 열차에 태워 네브래스카 주로 보냈다.

이야기를 나누고는 한답니다.

고아 열차를 탔던 아이들이 다시 모이는 재회식이 2015년에도 계속되고 있는 것을 보면 우리가 지금 이야기한 것이 멀고 먼 과거의 일이 아니라 바로 얼마 전에, 우리 주위의 사람들에게 일어난 일이었음을 새삼 느끼게 되지요. 고아 열차는 1929년에 사라졌지만 이를 통해 미국의 아동노동, 입양, 공교육, 아동인권, 위생, 아동건강 등 여러 관련법의 제정과 관리 시스템이 확립되는 데 큰 영향을 주었습니다(예를 들면 요즘은 아이를 90일 간 무료 시험 분양을 할 수 없도록 했다든지 말이죠).

비록 20여 만 명에 달하는 아이들이 제대로 챙겨주지 못한 어른들 때문에 그야말로 운에 좌지우지되는 미래를 만나 몇몇은 거칠고 힘든 노동에 시달리고 창고에서나 겨우 잠드는 삶을 살고 다른 몇몇은 정말 좋은 양부모님을 만나 사랑으로 가득한 삶을 살았지만 그래도 부모와 떨어져서 차가운 길거리에서 추위와 굶주림에 지쳐 죽는 것보다는, 그리고 그곳에서 폭력과 고통만을 아는 것보다는 두 번째 기회를 얻은 것이 그나마 나았겠다는 것이 고아 열차 운동의 결론이겠죠. 브레이스 목사가 만들었던 뉴욕아동구호협회는 오늘날에도 건재하며 매년 500명 이상의 아이들에게 새로운 가족을 찾아주고 있답니다.

14. 무삭제판 '안네의 일기', 유죄인가요?

10대 소녀의 솔직한 성장 일기를 둘러싼 어른들의 갑론을박

　금서. '금지'와 '책'이라는 단어의 조합은 우리의 호기심을 불러일으키는 묘한 매력이 있는 단어들입니다. '펜은 칼보다 강하다'라는 명언이 말해주듯 사람의 마음을 움직이고 대중을 행동하게 만드는 책이 가진 위험한 힘은 예로부터 국가가 두려워하는 무형의 권력이었습니다. 그렇기 때문에 금서 목록을 보고 있으면 당시 사회가 터부시한 것이 무엇이었는지, 정권이 무엇을 두려워했는지를 알 수 있죠. 하지만 그 당시에도 그렇지만 시간이 지난 뒤에 돌아보면 우리가 보아도 정말 터무니없는 책들이 금서로 지정된 경우가 많습니다.

　1931년 중국에서는 동물이 사람처럼 행동한다는 이유로 「이상한 나라의 앨리스」를 금서로 지정하기도 했고 아이들에게 나쁜 버릇을 가르친다며 「아기공룡 둘리」나 「삐삐 롱 스타킹」이 지탄받기도 했습니다.

초롱초롱 빛나는 눈을 한 귀여운 안네. 이 아이가 살아서 바라던 대로 작가가 되었더라면 문학사는 또 얼마나 더 풍성해졌을까.

책을 금지한다는 것은 어제의 이야기가 아닙니다. 문화가 거침없이 발달하고 있는 요즘에는 오히려 단순히 책뿐만 아니라 음악, 영화, 드라마, 광고 등 다양한 문화 매체가 세계 각국에서 이런 저런 이유로 각광을 받기도 하고 금지되기도 하죠. 그런가 하면 2013년 미국 미시건 주에서는 어느 학부모가 학교에 항의를 하는 사건이 일어났습니다. 7학년(만 나이 12~13살)인 딸이 학교에서 배우는 책이 너무 선정적이라 마치 "포르노 같다(pornographic)"는 것이었죠.

역시나 성적으로 개방적인 미국답게 중학생인 아이들에게 충격적일 정도로 야한 책을 가르치고 있는 것일까요? 하지만 아이의 어머니가 이의를 제기한 책은 『안네의 일기』였습니다. 『안네의 일기』와 포르노라니, 마치 실크와 진흙처럼 도무지 어울리지 않는 조합이지요? 우리가 어렸을 적 읽었던 『안네의 일기』는 포르노 같은 구절이 없었던 것 같은데 이게 어찌된 일일까요?

반짝거리는 눈을 빛내며 펜을 들고 글을 쓸 준비를 하는 안네의 귀여운 모습은 세계인들의 뇌리에 새겨져 있습니다. 하지만 안네 프랑크라는 이름은 많이 들어봤는데 정확히 뭘 했던 사람인지 모르실 분들을 위해 이번 이야기를 시작하기에 앞서 일단 『안네의 일기』에 얽힌 역사를 소개해보겠습니다.

10대 소녀인 안네 프랑크가 쓴 일기장은 안네의 사후, 안네의 아버지가 편집하여 『일기 *Het Achterhuis*』라는 제목으로 1947년 처음 출간되었습니다. 초등학교 때 쓴 일기는 물론이고 지금 쓰는 일기도 남들이 읽는다고 생각하면 이불을 발로 걷어차고 싶어질 수 있을 텐데, 어쩌다 10대 소녀의 일기가 이렇게 소개되었는가 하면, 그것은 안네가 위험하고 끔찍한 시절에 살았던, 평범하지만 글쓰기에 탁월한 재능을 가진 소녀였기 때문입니다.

때는 제2차 세계대전이 벌어지고 독일을 손에 넣은 아돌프 히틀러가 유럽 전역을 향한 야욕을 숨기지 않고 있을 무렵이었습니다. 히틀러는 '순혈 게르만인'들로 이루어진 독일을 꿈꾸었는데 그러기 위해서는 (히틀러의 생각에 의하면) '악의 근원'인 유대인들의 뿌리를 뽑을 필요가 있었죠. 독일에 퍼져 있는 유대인들로 인해 독일이 발전하는 데 방해를 받는다고 생각한 히틀러는 자신이 권력을 잡자 독일 전역에 자신의 생각

푸른 눈으로 군중을 사로잡으며 전 세계를 지옥으로 만든 절대악의 지도자, 아돌프 히틀러.

을 퍼트렸습니다. 순수 게르만족이야말로 완벽한 인종이라면서 말이죠. 가장 이상적인 모습은 금발에 푸른 눈, 하얀 피부, 큰 체격 등으로 상징되는 모습이었지만 많이 알려진 것과는 달리 반드시 금발이나 푸른 눈일 필요는 없었습니다. 코의 생김새, 턱의 형태, 큰 키, 혈통 등으로도 게르만족의 특징은 얼마든지 나올 수 있었으니까요. 하지만 정작 히틀러 본인은 비록 눈은 푸른색이었지만 머리는 갈색에다 어깨가 떡 벌어진 호남형은 아니었으니 조금은 아이러니하죠.

'히틀러 눈이 푸른색이라고?' 하고 놀라실 수도 있으실 텐데요. 시대가 시대인지라 히틀러 사진들이 대부분 흑백이라서 히틀러의 눈이 짙은 갈색으로 느껴지지만 당시 사람들이 남긴 기록이나 몇 장 안 되는 히틀러의 컬러 사진을 보면 히틀러가 머리는 갈색일지언정 눈은 푸른색이었다는 것을 알 수 있습니다. 독일의 정치인이자 훗날 히틀러 곁에서 대중 선동의 힘을 선보인 파울 요제프 괴벨스는 히틀러를 처음 만난 날 자신의 일기에 다음과 같이 적었습니다.

> 내 손을 잡고 악수했다. 마치 옛 친구처럼. 그 커다란 푸른 눈이란. 별과 같았다. 히틀러는 나를 봐서 기쁜 것이다. 난 천국에 있는 듯하다. [주38]

그리고 『나는 히틀러를 알았다 I Knew Hitler』의 저자 쿠르트 뤼데케(Kurt Lüdecke)는 자신의 저서에서 히틀러를 처음 만난 순간을 이렇게 회고합니다.

> 나는 이 작고 창백한 남자를 비판적으로 바라보았다. 한쪽으로 빗은 갈색 머리는 계속해서 땀에 젖은 눈썹 위로 떨어졌다. 위협적이면서도 갈구하는 듯, 작고 애원하는 손과 불타오르는 진청색의 눈을 가진 그는 광신도처럼 보였다. 곧 나의 비판 능력은 휩쓸리듯 사라졌다. 마치 몇 천의 군중들의 의식을 자신의 속마음대로 움직이려는 듯, 연단에 기대어 있던 그는 단순한 설득의 힘을 통해 나를 포함하여 모든 군중에게 최면을 걸듯 자신의 손아귀에 쥐고 있었다. [주39]

당시 기록들을 통해 우리는 히틀러의 눈이 푸른색이었음은 물론, 그가 얼마나 강력한 기운을 내뿜는 지도자였는지도 느낄 수 있지요.

다시 안네 이야기로 돌아가서, 순수한 최고의 인종을 만들겠다는 히틀러의 이 정신 나간 생각은 히틀러가 권좌에 오르면서 독일에 빠르게 퍼져나갔습니다. 차별이라는 것은 없애기는 어렵지만 만들기는 참 쉬운지라 나치의 독일에서 독일인들은 일상 속 라디오 방송을 듣고, 신문을 읽고, 학교에서 선생님을 통해 배우는 등의 방법으로 점차 게르만족은 위대하다는 망상에 빠져들었습니다. 물론 히틀러의 그 유명한 연설 능력도 엄청난 영향을 끼쳤죠.

그렇게 히틀러의 명에 의해 셀 수 없이 많은 사회적 약자들이 지속적으로 차별을 받았습니다. 나치 독일 하에서 차별받은 이들이라 하면 보통 유대인들만 생각하는데, 그 밖에도 선천적인 시각 장애인이나 청각 장애인, 지적 장애인 등의 장애인들, 집시, 동성애자, 흑인, 동양인 등도 차별을 받았습니다. 또 이런 이유로 사람을 강제로 불임수술을 시키는 일도 예사로 일어났지요.

유대인들은 독일인들에게 엉겨붙어 영양분을 빨아먹는 잡초 취급을 받아 국가에 독과 같은 존재라는 소리를 들었습니다. 그 때문에 유대인이라는 이유만으로 자신과 가족들을 정부에 신고해야 했고 가슴에는 '다윗의 별'을 달았으며 많은 차별을 당했습니다. 학교도 제대로 다닐 수 없었고 배급에서도 순위가 밀리는 것은 당연했으며 얼마 전까지만 해도 친하게 지내던 이웃 사람에게 욕을 듣는 일은 부지기수였죠. 순수 혈통 게르만족과의 결혼은 금지되고 많은 유대인들은 어느 날 갑자기 길거리에서, 집에서 이유 없이 끌려가 강제 수용되었습니다. 그곳에서 온갖 치욕을 당하고 강제 노동에 시달리다 사망하거나 노동에 적합하지 않은 어린이, 노인, 병자 등은 곧바로 독가스실로 보내져 학살을 당했습니다.

이 유대인 학살이 얼마나 끔찍했냐면, 여러 유럽 국가가 나치 치하에 들어가기 6년 전인 1933년에 독일 유대인의 수는 56만 5천 명이었지만 제2차 세계대전이 끝나고 5년 뒤인 1950년이 되었을 때 독일 유대인의 수는 3만 7천 명이었습니다. 체코슬로바키아의 유대인 인구는 35만 7천 명에서 1만 7천 명으로, 오스트리아의 유대인 인구는 25만 명에서 1만 8천 명으로 줄어들었으니 그 과정에서 공포스러운 학살이 얼마나 대규모로 벌어졌는지 짐작할 수 있습니다.

이토록 두려운 시대에 유대인으로 살아간다는 것은 매일매일 살얼음판을 걷는 것과 같은 죽음의 공포에 시달리는 삶이었습니다. 그런 시대에 안네 프랑크는 13살 생일에 일기장을 선물받았습니다. 작가가 꿈이었던 자신에게 주어진 일기장을 안네는 품에 꼭 안고 즐거워하며 매일매일 자신의 일상을 또박또박 써내려가기 시작했죠.

안네의 행복하고 평화로웠던 어린 시절은 생일 선물로 일기장을 받은 지 약 2주 만에 끝이 났고 안네의 아버지는 가족을 지키기 위해 숨을 곳을 마련하였습니다. 얼마나 비밀리에 진행을 했던지, 안네도 자신들이 도망갈 것이라는 얘기를 도망가기 직전에야 전해 들었다고 합니다. 숨을 장소가 많지 않았기 때문에 이곳에는 안네의 가족뿐만 아니라 다른 가족들도 들어왔고, 최종적으로 8명의 사람들이 2년 1개월 동안 함께 비밀리에 숨어 살게 되었습니다. 다른 가족들 중에는 안네 또래의 남자아이 페터도 있었죠.

책장 뒤에 숨겨진 비밀 통로와 비좁은 방들에서 매일 똑같은 사람들

독일 나치의 학살단은 우크라이나에서 유대인 민간인들을 남녀노소 가리지 않고 잔인하게 총살했다.

을 보며 살게 된 안네였지만 그 무엇도 아이의 성장을 막을 수는 없는 법. 안네는 2년여 동안 사춘기를 겪으며 조금씩 자라납니다. 사춘기 소녀가 으레 겪을 법한 외로움, 호기심, 감정의 기복, 신체적 변화, 사랑, 이성에 대한 호기심 등을 안네는 일기장에 모두 털어놓았습니다. 비록 갇혀서 밖으로 나갈 수도, 기침 한 번도 시원하게 할 수 없는, 긴장의 끈을 놓을 수 없는 삶이었지만 그래도 가족과 함께 있어 희망을 꿈꿀 수 있었던 안네는 긍정적이고 밝고 씩씩한 소녀였습니다.

하지만 그런 삶도 2년 만에 끝이 나고야 말았습니다. 전쟁이 끝났다는 소식을 듣고 뛰쳐나가 소리를 지르고 춤을 출 날을 그리고 있었을 그들을 노린 누군가의 밀고로 안네와 가족들은 물론, 이들을 2년 넘게 숨겨주었던 사람들도 모두 나치에게 잡혀갑니다. 가족들은 뿔뿔이 흩어

1944년 봄. 체코 동부에서 붙잡혀 아우슈비츠 강제 수용소로 보내진 유대인 여성과 아이들의 모습.

졌고 안네의 어머니는 안네와 안네의 언니 마르고트를 위해 자신의 음식까지 건네주며 딸들을 위했지만 결국 안네의 어머니도, 안네의 언니도 모두 세상을 떠나고야 말았습니다. 수용소에 갇혀서도 밝고 긍정적인 모습으로 희망을 놓지 않으려 노력했다던 안네 역시 아픈 와중에 알게 된 언니의 죽음에 큰 충격을 받고 결국 세상을 떠나고야 말았습니다. 안네의 나이 15살, 제2차 세계대전 종전 최소 몇 주에서 최대 두 달 전의 일이었습니다.

　안네의 가족 중 살아남은 사람은 단 한 사람, 아버지 오토 프랑크뿐이었습니다. 암스테르담으로 돌아온 오토 프랑크는 아내의 죽음을 전해 듣고 딸들은 살아 있을 거라는 희망을 품었으나 곧 딸들의 죽음도 듣게 됩니다. 그리고 안네의 일기를 챙겨둔, 안네 가족에게 은신처를 제공했던 부인으로부터 일기를 건네받았죠. 딸의 일기를 읽으며 울고 웃고 딸의 성장을 뿌듯하게, 절절하게 느낀 오토 프랑크는 작가가 되고 싶었던 딸을 위해 일기를 출간할 생각을 하게 됩니다. 안네 역시 전쟁 중에 듣게 된 라디오에서 전쟁이 끝나면 나치가 어떤 범죄를 저질렀는가에 대한 기록물들을 출간할 계획이란 이야기를 듣고 자신도 일기를 출간해야겠다고 생각했던 터였습니다. 그리고 그러기 위해 직접 일기를 다듬고 편집해왔죠.

오토 프랑크는 딸의 일기를 출간에 적합하도록 좀 더 다듬고 편집하여 전쟁이 끝난 2년 후인 1947년 세상에 내놓았습니다. 그리고 그때부터 『안네의 일기』는 어린 소녀 안네 프랑크의 눈으로 바라본 참혹한 전쟁과 일상생활을 그리고 있는 책으로서 전 세계인의 사랑을 받아 베스트셀러가 되었으며 오늘날에는 유네스코가 지정한 귀중한 세계기록유산이기도 합니다.

그렇다면 이야기의 시작으로 돌아가서 왜 이런 안네의 일기가 '포르노 같다'라는 평가를 받게 된 것일까요? 그것은 우리 이야기의 마지막 부분에서 힌트를 찾을 수 있습니다. 안네가 원래 썼던 사적인 일기를 A라고 하고 안네가 출간을 위해 편집한 본을 B, 안네의 아버지가 편집하고 출간한 본을 C라고 했을 때 일반적으로 우리가 접해온 책은 C버전입니다. 하지만 안네 프랑크 협회에서는 안네 프랑크의 일기를 무삭제판으로 출간하면서 다음과 같이 밝혔습니다.

> 사람들은 안네를 다르게 받아들일 거라 생각합니다. 정말로 안네 프랑크를 보여주는 것이죠. 더 정확한 안네의 모습이요. 안네는 성인(聖人)이 아니라 다른 소녀들과 같은 평범한 소녀였어요. 사람들은 그녀를 성인으로 만들고 영광되게 하려고 하지만 사실 그녀는 아무것도 아니었어요. 그녀는 흔하고 평범하고 글짓기에 재능이 있는 소녀였을 뿐입니다. [주40]

이 완전한 원본의 일기는 그동안 우리가 봐온 일기보다 30% 정도 내용이 더 많으며 안네는 안네 그대로의 모습입니다. 어리고 밝고 긍정적이지만 가끔 짜증도 부리고 엄마에 대한 흉도 보고 아빠의 방귀 농담에 투덜거리기도 하고 성(性)에 대한 호기심도 있고 이성의 행동에 가슴 설레기도 하는, 우리 곁을 까르르 웃으며 스쳐 지나갈 아주 평범한 10대 소녀의 모습이지요.

그렇다면 13살부터 일기를 쓰기 시작해 15살에 세상을 떠난 이 어린 소녀의 일기의 어떤 부분이 그리도 '포르노' 같았던 것일까요?『안네의 일기』무삭제판에서 나오는 부분들 가운데 일부를 발췌하면 다음과 같습니다.

1944. 3. 17.
내 다정한 친구야,
모든 것은 괜찮아. 뱁은 목이 아프다고 하는데 독감은 아니래. (중략) 여긴 모든 게 괜찮아. 다만 마르고트 언니랑 나는 우리 부모님이 좀 피곤해.
내 뜻을 오해하지 말아줘. 난 여전히 아버지를 아주 사랑하고 마르고트는 아버지와 어머니를 모두 사랑해. 하지만 우리만큼 나이를 믹고 나면 우리 마음내로 선택을 하고 싶을 때가 있어. 부모님의 손바닥에서 벗어나서 말이지. 내가 위층을 올라갈 때마다 부모님은 나에게 뭘 하러 가냐고 물어보시고 내 음식에 내 맘대로 소금을 뿌리지 못하게 하셔. 어머니는 매일 밤 8시 15분에 나한테 잠옷으로 갈아입을 때가 되지 않았느냐고 물으시고 모든 책은 부모님의 허락을 받아야만 읽을 수가 있어. 물론 부모님은 그 점에 대해서는 그리 엄격하지 않으셔서 거의 모든 걸 읽을 수 있긴 해. 하지만 마르고트와 나는 부모님의 잔소리와 질문을 하루 종일 들어야 한다는 것이 너무 피곤해.

부모님이 마음에 안 들어 하시는 또 다른 점이 있어. 나는 더 이상 아침 점심 저녁에 부모님한테 뽀뽀를 하고 싶은 마음이 들지 않아. 나한테 붙여주는 수많은 별명들은 너무 과장되었고 아버지가 던지는 화장실과 방귀에 대한 농담은 역겨워. 짧게 말하자면 나는 부모님 없이 한동안 지내는 것만큼 바라는 것이 없어. 하지만 부모님은 그걸 이해 못하셔. 물론 마르고트 언니나 내가 그런 얘기를 한 적이 있는 건 아니지만. 무엇하러 하겠어? 부모님은 이해 못하실 텐데 뭐. [41]

1944. 3. 18. 토요일

키티에게,

어른들의 가장 큰 문제는 (내 생각엔 자갈보다 큰 문제는 아니지만) 어른들은 아이들이 순결이라는 게, 대부분의 경우에, 쓸데없는 것이라는 것을 깨닫는 순간 더 이상 결혼을 성스럽고 순결한 것으로 보지 않을까 두려워한다는 것이야. 내 생각에는 사람이 약간의 경험을 가지고 결혼하는 게 뭐 그리 큰 문제일까 싶어. 툭 터놓고 말해서 결혼 그 자체와는 아무 상관없잖아. 그렇지 않아?

내가 11살이 되었을 때 사람들은 내게 생리에 대해 말해줬어. 하지만 그때도 나는 어디서 피가 나는지, 왜 나는지 알지 못했지. 내가 12살 반이 되었을 때 나처럼 무지하지 않았던 자퀴(Jacque)로부터 이것저것을 배웠어. 내 직감은 남자와 여자가 같이 있을 때 뭘 하는지 알려주었고 처음엔 미친 생각 같았지만 자퀴가 그것이 사실임을 알려주었을 때 나는 스스로 알아냈다는 것에 자부심을 느꼈어.

아기들이 엄마의 배에서 튀어나오는 게 아니라는 것을 알려준 것도 자퀴야. 그녀의 말에 따르면 '재료가 들어가는 곳에서 완성품이 나오는' 거래. 자퀴랑 나는 성교육 책에서 처녀막이니 하는 다른 여러 가지를 배웠어. 그리고 아기를 안 가지는 방법도 있다는 걸 알았지만 그게 몸 안에서 어떻게 이루어지는 것인지는 아직 미스터리야. 내가 여기에 왔을 때 아버지가 매춘부들에 대해서도 말해주셨지만 여전히 대답할 수 없는 질문들이 있어.

만약 어머니들이 아이들에게 모든 것을 알려주지 않는다면 아이들은 여기저기서 조금씩 들을 수밖에 없어. 그리고 그건 옳은 일이 아니야. [주42]

키티에게,

난 요즘 저녁을 먹고 나면 신선한 저녁공기를 마시기 위해 페터의 방으로 종종 올라가고는 해. 햇살이 얼굴을 간질일 때보단 어두울 때 좀 더 빨리 의미 있는 대화를 나눌 수 있거든. 밖을 내다보면서 그의 옆에서 의자에 앉아 있는 건 안락하고 편안해. (중략) 난 페터한테 여자애들의 아랫도리가 어떻게 생겼는지 아느냐고 물어보고 싶어. 내 생각엔 남자애들은 여자애들 것처럼 복잡하게 생기지 않

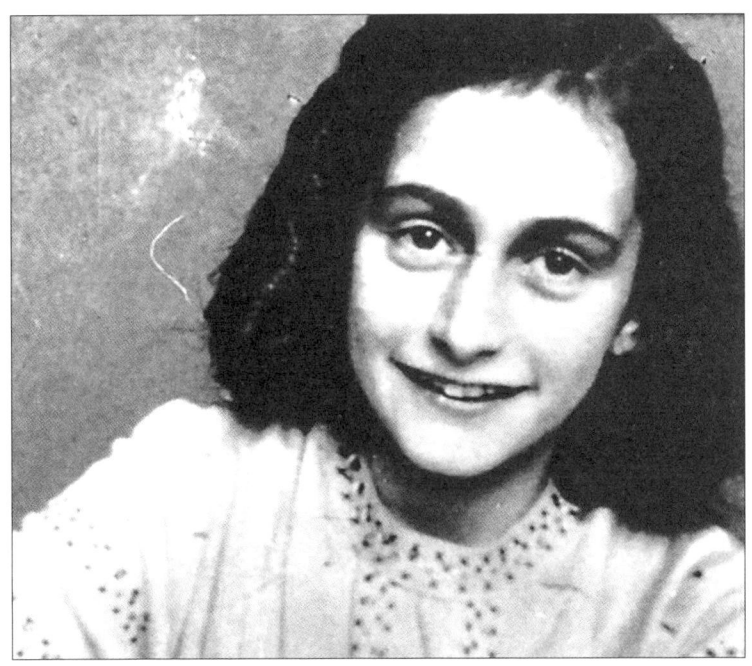

안네 프랑크는 "이 모든 것에도 불구하고, 난 진심으로 사람들이 선하다고 믿는다."는 말을 남길 정도로 세상을 아름답게 보는 긍정적인 소녀였다.

은 것 같거든. 남자의 알몸은 사진이나 그림에서 쉽게 볼 수 있지만 여자 것은 달라. 여자들의 생식기는, 또는 그걸 뭐라고 부르건 간에, 다리 사이에 숨겨져 있어. 아마 페터는 여자애의 것을 가까이에서 본 적이 한 번도 없을 거야. 솔직히 말하면, 나도 본 적은 없어. 남자아이들 건 훨씬 쉽지. 대체 내가 어떻게 여자아이의 부분들을 묘사할 수 있을까? 페터의 말에 따르면 페터는 거기가 어떻게 된 건지 정확히 모르는 것 같아. (중략) 내가 11살인가 12살일 때까지만 해도 나는 두 번째 음순이 안쪽에 또 있다는 것을 알아채지 못했어. 보이지가 않았으니까. 더 우스운 것이 뭐냐면 난 소변이 클리토리스에서 나온다고 생각했지 뭐야. 한번은 어머니한테 이 톡 튀어나온 것이 뭐냐고 물어봤는데 어머니는 잘 모르겠다고 하셨어. 어머니도 필요할 땐 멍청한 척을 잘하신다니까!

하지만 다시 주제로 돌아가자. 도대체 아무 모델도 없이 그게 어떻게 생겼는지 설명할 수 있겠어? 그래도 도전해볼까? 알았어.

일어서 있을 때 앞에서 볼 수 있는 건 털뿐이야. 다리 사이에는 두 개의 부드럽고 폭신한 것이 털에 덮여 있고 일어서면 맞물려서 속에 뭐가 있는지 보이지 않아. 앉으면 서로 떨어지는데 속은 매우 빨갛고 꽤 두껍고 부드러워. 위쪽의, 대음순 사이에는 접혀 있는 피부가 있는데, 다시 생각하니까 약간 물집처럼 생겼어. 그게 클리토리스야. 그리고는 소음순이 있어. 그것들도 맞물려서 주름 같은 것을 만들지. 그게 열리면 도톰한 작은 언덕이 있는데 내 엄지손가락 꼭대기만 해. 위쪽에는 구멍이 2개 있는데 거기서 소변이 나오는 거야. 아래쪽은 마치 그냥 피부처럼 보이지만 거기가 바로 질이 있는 곳이야. 겨우 찾을 수 있어. 왜냐면 피부 주름이 입구를 가리고 있거든. 구멍은 너무 작아서 도대체 어떻게 남자가 그 안에 들어갈 수 있는지도, 더군다나 어떻게 아기가 나올 수 있는지 상상조차 할 수 없어. 집게손가락을 안에 넣는 것도 힘이 드는데 말이야. 이게 전부 다야. 그런데도 그렇게 대단한 일을 한다니!

친애하는 안네 M. 프랑크가 [주43]

1947년에 처음 책을 출간할 당시 아버지의 입장과 시대의 공기를 생각해보면 편집되는 것이 당연했을 법한 부분이지만 10대 소녀의 성장이라는 측면에서 보면 평범하기 그지없는 부분입니다. 무엇보다 확연한 것은 아무리 봐도 '포르노 같다'고 하기에는 무리가 있어 보인다는 점입니다. 책을 읽는 아이들이 안네와 비슷한 나이라는 것을 고려하면 더더욱 말이죠.

이 문제는 미국 전역을 강타했고 "성적인 이야기를 문학 수업시간에 하는 것이 옳은가. 아이와 학부모가 불편한 것은 당연하다."라는 주장과 "10대 여자아이가 본인의 생식기에 관심을 가지는 것은 당연하고 자연스러운 일이며 문화유산을 포르노 같다고 하다니 말도 안 되는 소리다."라는 주장이 팽팽하게 대립했습니다.

여러분은 어떻게 생각하시나요? 편집되지 않은 원본의 『안네의 일기』를 학교에서 가르치기 위해서는 학생들마다 부모님의 동의 서명을 받아와야 하거나 학교에서 가르치는 것을 아예 금지시켜야 할까요? 아니면 인간으로서 자연스러운 성장이니 있는 그대로의 인간 안네 프랑크를 받아들이고 가르쳐야 할까요? 실제로 이 사건이 있기 3년 전, 미국의 버지니아 주에서는 8학년(만 나이 14~15살)에게 아예 『안네의 일기』를 금지하려다 되돌려놓은 일도 있었습니다.

시대가 바뀔 때마다 사회가 지탄하는 책에 가져다대는 이유는 달라집니다. 정부와 다른 의견을 내놓아서, 너무 야해서, 종교를 비판해서, 동물이 말을 해서, 마법을 좋은 것처럼 표현해서 등 그 당시에도, 또는 시간이 지난 후에 보면 어이가 없을 정도로 아무것도 아닌 이유들입니다. 그러니 결국 대부분의 경우 금서란 자유로운 표현과 상상, 호기심을 막아서고 용납하지 않는 당대의 편견을 적나라하게 보여주는 한 시대의 초상이라 할 수 있겠습니다.

이 논란에 대한 결론을 우리가 어떻게 내리든 『안네의 일기』에서 확실한 것은 글쓰기에 큰 재능을 가진 성숙하고 꿈 많은 소녀였던 안네 프랑크의 빛나던 미래가 어른들의 끔찍한 탐욕 아래 힘없이 시들어버렸다는 것입니다. 제2, 제3의 안네 프랑크들이 나오지 않고 지구상의 아이들이 자신의 꿈과 재능을 평화롭고 행복하게 펼칠 수 있는 세상은 언제쯤 올 수 있을까요.

각주

주1 : Maines, Rachel P., *The Technology of Orgasm: "Hysteria," the Vibrator, and Women's Sexual Satisfaction*, JHU Press, 2001, p. 1.

주2 : O'Brien, Jodi, *Encyclopedia of Gender and Society*, SAGE Publications, 2008, p. 448.

주3 : Goldstein, Jan, *Hysteria Complicated by Ecstasy: The Case of Nanette Leroux*, Princeton University Press, 2011, p. 74.

주4 : Aston, Elaine, *Feminist Theatre Practice*, Routledge, 2005, p. 70.

주5 : Basile, Giambattista, *Giambattista Basile's The Tale of Tales, Or, Entertainment for Little Ones*(Wayne State University Press, 2007, p. 414~417.)와 Cashdan, Sheldon, *The Witch Must Die: The Hidden Meaning Of Fairy Tales*(ebook, Basic Books, 2014.), Basile, Giambattista, *Giambattista Basile's The Tale of Tales, Or, Entertainment for Little Ones*(Wayne State University Press, 2007, p. 415~417.)를 참조하여 지은이가 재구성.

주6 : Haslip, Joan, *Madame Du Barry: The Wages of Beauty*, Tauris Parke Paperbacks, 2005, p. 25.

주7 : Sherrow, Victoria, *For Appearance' Sake: The Historical Encyclopedia of Good Looks, Beauty, and Grooming*, Greenwood Publishing Group, 2001, p. 99.

주8 : Fauset, Eileen, *The Politics of Writing: Julia Kavanagh, 1824-77*, Oxford University Press, 2013, p. 137.

주9 : Zweig, Stefan, *Marie Antoinette: The Portrait of an Average Woman*, Grove Press, 2002, p. 54.

주10 : Neely, Sylvia, *A Concise History of the French Revolution*, Rowman & Littlefield, 2008, p. 37.

주11 : Fraser, Antonia, *Marie Antoinette*, Hachette UK, 2010, p. 388.

주12 : Ritchie, Daniel, *Edmund Burke: Appraisals and Applications*, Transaction Publishers, 1990, p. 42.

주13 : Carlyle, Thomas, *The French Revolution: Guillotine*, Little and Brown, 1839, p. 365.

주14 : Etkind, Alexander, *Warped Mourning: Stories of the Undead in the Land of the Unburied*, Stanford University Press, 2013, p. 1.

주15 : Mühlbach, Luise, *The Empress Josephine: An Historical Sketch of the Days of Napoleon*,

A. L. Fowle, 1867, p. 247~248.

주16 : Miller, Elaine, *Head Cases: Julia Kristeva on Philosophy and Art in Depressed Times*, Columbia University Press, 2014, p. 191.

주17 : Bullough, Vern L., *Encyclopedia of Birth Control*, ABC-CLIO, 2001, p. 19.

주18 : Dundes, Alan, *Little Red Riding Hood: A Casebook*, Univ of Wisconsin Press, 1989, p. 4~6.

주19 : Zipes, Jack, *The Golden Age of Folk and Fairy Tales: From the Brothers Grimm to Andrew Lang*, Hackett Publishing, 2013, p. 169~170.

주20 : Zipes, Jack, *The Golden Age of Folk and Fairy Tales: From the Brothers Grimm to Andrew Lang*, Hackett Publishing, 2013, p. 164~166.

주21 : Zipes, Jack, *Why Fairy Tales Stick: The Evolution and Relevance of a Genre*, Routledge, 2013, p. 33~34.

주22 : Grimm, Jacob, *Grimm's fairy tales: With illustrations by E. H. Wehnert*, Standard Library Company, 1857, p. 76.

주23 : Grimm, Jacob, Grimm, Wilhelm, *Grimm's Fairy Tales*, Courier Corporation, 2012, p. 84~86.

주24 : 조앤 K. 롤링, 『해리 포터와 마법사의 돌』 상, 김혜원 옮김, 문학수첩, 1999, 200쪽.

주25 : Collodi, C., *The Adventures of Pinocchio*, GlobalGrey, 2013, p. 32.

주26 : Collodi, C., *The Adventures of Pinocchio*, GlobalGrey, 2013, p. 9.

주27 : Collodi, C., *The Adventures of Pinocchio*, GlobalGrey, 2013, p. 38.

주28 : Collodi, C., *The Adventures of Pinocchio*, GlobalGrey, 2013, p. 53.

주29 : Collodi, C., *The Adventures of Pinocchio*, GlobalGrey, 2013, p. 18~19.

주30 : Collodi, C., *The Adventures of Pinocchio*, GlobalGrey, 2013, p. 40.

주31 : Collodi, C., *The Adventures of Pinocchio*, GlobalGrey, 2013, p. 45.

주32 : Collodi, C., *The Adventures of Pinocchio*, GlobalGrey, 2013, p. 108.

주33 : Collodi, C., *The Adventures of Pinocchio*, GlobalGrey, 2013, p. 124.

주34 : 찰스 디킨스, 『올리버 트위스트』, 윤상원 옮김, 아름다운날, 2013, 23쪽.

주35 : 찰스 디킨스, 『올리버 트위스트』, 윤상원 옮김, 아름다운날, 2013, 14쪽.

주36 : Rossini, Gill, *A History of Adoption in England and Wales 1850-1961(ebook)*, Pen and Sword, 2014.

주37 : Abbott, Geoffrey, *Female Executions: Martyrs, Murderesses and Madwomen*,

Summersdale Publishers, 2013, p. 98~99.

주38 : Baker, Nicholson, *Human Smoke: The Beginnings of World War II, the End of Civilization*, Simon and Schuster, 2009, p. 14.

주39 : Carruthers, Bob, *Hitler's Violent Youth: How Trench Warfare and Street Fighting Moulded Hitler*, Pen and Sword, 2015, p. 255.

주40 : The Things that Anne was really Frank about, *The Independent*, 1996. 10. 22.

주41 : Frank, Anne, *The Diary of a Young Girl: The Definitive Edition(ebook)*, Random House Publishing Group, 2011.

주42 : Frank, Anne, *The Diary of a Young Girl: The Definitive Edition(ebook)*, Random House Publishing Group, 2011.

주43 : Frank, Anne, *The diary of Anne Frank: the critical edition*, Viking, 1989, p. 567.

참고문헌

로버트 그린, 『권력의 법칙』, 안진환·이수경 옮김, 웅진지식하우스, 2009.

애드리언 블루, 『키스의 재발견』, 이영아 옮김, 예담, 2004.

조앤 K. 롤링, 『해리 포터와 마법사의 돌』(상), 김혜원 옮김, 문학수첩, 1999.

찰스 디킨스, 『올리버 트위스트』, 윤상원 옮김, 아름다운날, 2013.

Abbott, Geoffrey, *Female Executions: Martyrs, Murderesses and Madwomen*, Summersdale Publishers, 2013.

Ainsworth, William Harrison, *Ainsworth's Magazine* No. 10, Chapman and Hall, 1846.

Andress, David, *The Oxford Handbook of the French Revolution*, Oxford University Press, 2015.

Auerbach, Jonathan, and Castronovo, Russ, *The Oxford Handbook of Propaganda Studies*, OUP USA, 2014.

Baker, Nicholson, *Human Smoke: The Beginnings of World War II, the End of Civilization*, Simon and Schuster, 2009.

Barry, Joseph Amber, *Passions and Politics: A Biography of Versailles*, Doubleday, 1972.

Bashor, Will, *Marie Antoinette's Head: The Royal Hairdresser, the Queen, and the Revolution*, Rowman & Littlefield, 2013.

Basile, Giambattista, *Giambattista Basile's The Tale of Tales, Or, Entertainment for Little Ones*, Wayne State University Press, 2007.

Behlmer, George K., *Child Abuse and Moral Reform in England, 1870-1908*, Stanford University Press, 1982.

Bernier, Oliver, *The Eighteenth-century Woman*, Metropolitan Museum of Art, 1981.

Booker, M. Keith, *Disney, Pixar, and the Hidden Messages of Children's Films*, ABC-CLIO, 2010.

Brenner, Athalya, *The Intercourse of Knowledge: On Gendering Desire and 'Sexuality' in the Hebrew Bible*, BRILL, 1997.

Broder, Sherri, *Tramps, Unfit Mothers, and Neglected Children: Negotiating the Family in Nineteenth-Century Philadelphia*, University of Pennsylvania Press, 2010.

Buckley, Sarah-Anne, *The Cruelty Man: Child Welfare, the NSPCC and the State in Ireland, 1886-1956*, Oxford University Press, 2013.

Bullough, Vern L., *Encyclopedia of Birth Control*, ABC-CLIO, 2001.

Byron, George Gordon, *Miscellanies: Occasional pieces, 1807-1824*, J. Murray, 1837.

Cadden, Joan, *The Meanings of Sex Difference in the Middle Ages: Medicine, Science, and Culture*, Cambridge University Press, 1995.

Carlyle, Thomas, *The French Revolution: Guillotine*, Little and Brown, 1839.

Carruthers, Bob, *Hitler's Violent Youth: How Trench Warfare and Street Fighting Moulded Hitler*, Pen and Sword, 2015.

Cashdan, Sheldon, *The Witch Must Die: The Hidden Meaning Of Fairy Tales*, Basic Books, 2014.

Castleden, Rodney, *Infamous Murderers: Maniacs filled with Hatred and Rage*, Canary Press eBooks, 2011.

Clarke, Phil, and Briggs, Tom and Briggs, Kate, *Extreme Evil: Taking Crime to the Next Level*, Canary Press eBooks, 2011.

Collodi, C., *The Adventures of Pinocchio*, GlobalGrey, 2013.

Craik, George, *Paris, and its historical scenes*, unknown publisher, 1891.

Dundes, Alan, *Little Red Riding Hood: A Casebook*, Univ of Wisconsin Press, 1989.

Eisfeld, Conny, *How Fairy Tales Live Happily Ever After*, Anchor Academic Publishing, 2014.

Erickson, Carolly, *To the Scaffold: The Life of Marie Antoinette*, Macmillan, 2004.

Etkind, Alexander, *Warped Mourning: Stories of the Undead in the Land of the Unburied*, Stanford University Press, 2013.

Frank, Anne, *The diary of Anne Frank: the critical edition*, Viking, 1989.

Frank, Anne, *The Diary of a Young Girl: The Definitive Edition*, Random House Publishing Group, 2011.

Franke, David, *The Torture Doctor*, Hawthorn Books, 1975.

Fraser, Antonia, *Marie Antoinette*, Hachette UK, 2010.

Geyer, F. P., *The Holmes-Pitezel Case*, Publishers Union, 1896.

Gibson, Dirk C., *Serial Killing for Profit: Multiple Murder for Money: Multiple Murder for Money*, ABC-CLIO, 2009.

Gilfillan, Ross, *Crime and Punishment in Victorian London: A Street-Level of the City's Underworld*, Pen and Sword, 2014.

Goldstein, Jan, *Hysteria Complicated by Ecstasy: The Case of Nanette Leroux*, Princeton University Press, 2011.

Goodman, Dena, and Kaiser, Thomas E., *Marie Antoinette: Writings on the Body of a Queen*, Routledge, 2013.

Gordon, Linda, *The Moral Property of Women: A History of Birth Control Politics in America*, University of Illinois Press, 2002.

Gregg, Robin Odell, *Wilfred Murderers' Row: An International Murderers' Who's Who*, The History Press, 2011.

Grimm, Jacob, Grimm, Wilhelm, *Grimm's Fairy Tales*, Courier Corporation, 2012.

Grimm, Jacob, *Grimm's fairy tales: With illustrations by E. H. Wehnert*, Standard Library Company, 1857.

Gurnham, David, *Memory, Imagination, Justice*, Ashgate Publishing, 2013.

Haase, Donald, *The Greenwood Encyclopedia of Folktales and Fairy Tales: Q-Z*, Greenwood Publishing Group, 2008.

Haslip, Joan, *Madame Du Barry: The Wages of Beauty*, Tauris Parke Paperbacks, 2005.

Heslop, Paul, *Murderous Women: From Sarah Dazley to Ruth Ellis*, The History Press, 2011.

Hibbert, Christopher, *The French Revolution*, Penguin UK, 2001.

Hindmarsh, J Thomas, and Corso, Philip F., *The Death of Napoleon: The Last Campaign*, Xlibris Corporation, 2007.

Hoft-March, Eilene, Samecki, Judith Holland, *Aimer et mourir: Love, Death and Women's Lives in Texts of French Expression*, Cambridge Scholars Publishing, 2009.

Ipsen, Carl, *Italy in the Age of Pinocchio: Children and Danger in the Liberal Era*, Springer, 2006.

Jewell, Helen M., *Women In Dark Age And Early Medieval Europe C. 500-1200*, Palgrave Macmillan, 2006.

Kavanagh, Julia, *Woman in France during eighteenth century*, Smith, 1850.

Kilgore-Mueller, Mylynka, *Manipulating Maria: Marie Antoinette's Image from Betrothal to Beheading and Beyond*, ProQuest, 2008.

Kleiner, Fred S., *Gardner's Art Through the Ages: A Global History*, Thomson Higher Education, 2009.

Koda, Harold, and Bolton, Andrew, and Metropolitan Museum of Art(New York, N.Y.) *Dangerous Liaisons: Fashion and Furniture in the Eighteenth Century*, Metropolitan Museum of Art, 2006.

Lambert, Wilfred G., and George, A. R., and Finkel, Irving L., *Wisdom, Gods and Literature: Studies in Assyriology in Honour of W. G. Lambert*, Eisenbrauns, 2000.

Lang, Andrew, *The Blue Fairy Book*, Courier Corporation, 1965.

Larson, Erik, *The Devil in the White City: A Saga of Magic and Murder at the Fair that Changed America*, Knopf Doubleday Publishing Group, 2004.

Levin, Carole, and Sullivan, Patricia Ann, *Political Rhetoric, Power, and Renaissance Women*, SUNY Press, 1995.

Lewis, Brenda Ralph, *Dark History of the Kings & Queens of Europe*, Amber Books Ltd, 2011.

Lovejoy, Bess, *Rest in Pieces: The Curious Fates of Famous Corpses*, Simon and Schuster, 2013.

Maines, Rachel P., *The Technology of Orgasm: Hysteria, the Vibrator, and Women's Sexual Satisfaction*, JHU Press, 2001.

Marrone, Gaetana, *Encyclopedia of Italian Literary Studies*, Taylor & Francis, 2007.

Marso, Lori, *Feminist Thinkers and the Demands of Femininity*, Routledge, 2013.

Miller, Andrew H., and Adams, James Eli, *Sexualities in Victorian Britain*, Indiana University Press, 1996.

Miller, Elaine, *Head Cases: Julia Kristeva on Philosophy and Art in Depressed Times*, Columbia University Press, 2014.

Mühlbach, Luise, *The Empress Josephine: An Historical Sketch of the Days of Napoleon*, A.L. Fowle, 1867.

Neely, Sylvia, *A Concise History of the French Revolution*, Rowman & Littlefield, 2008.

O'Brien, Jodi, *Encyclopedia of Gender and Society*, SAGE Publications, 2008.

O'Kane, Rosemary H. T., *The Revolutionary Reign of Terror: The Role of Violence in Political Change*, Edward Elgar Pub, 1991.

Page, Anthony, *Britain and the Seventy Years War, 1744-1815: Enlightenment, Revolution and Empire*, Palgrave Macmillan, 2014.

Perrault, Charles, *The Tales of Mother Goose as First Collected by Charles Perrault in 1696*, Library of Alexandria, 1942.

Perrottet, Tony, *Napoleon's Privates*, Harper Collins, 2009.

Rachlin, Harvey, *Lucy's Bones, Sacred Stones, & Einstein's Brain: The Remarkable Stories Behind the Great Objects and Artifacts of History, From Antiquity to the Modern Era*, Garrett County

Press, 2013.

Riddle, John M., *Contraception and Abortion from the Ancient World to the Renaissance*, Harvard University Press, 1994.

Ritchie, Daniel, *Edmund Burke: Appraisals and Applications*, Transaction Publishers, 1990.

Rossini, Gill, *A History of Adoption in England and Wales 1850-1961*, Pen and Sword, 2014.

Shanley, Mary Lyndon, *Feminism, Marriage, and the Law in Victorian England*, Princeton University Press, 1993.

Sherrow, Victoria, *For Appearance' Sake: The Historical Encyclopedia of Good Looks, Beauty, and Grooming*, Greenwood Publishing Group, 2001.

Silve, Anita, *The Essential Guide to Children's Books and Their Creators*, Houghton Mifflin Harcourt, 2002.

Soranus, and Temkin, Owsei, *Soranus' Gynecology*, JHU Press, 1956.

Sperber, Jonathan, *Revolutionary Europe, 1780-1850*, Routledge, 2014.

Stewart-Steinberg, Suzanne, *The Pinocchio Effect: On Making Italians, 1860-1920*, University of Chicago Press, 2007.

Stratmann, Linda, *Greater London Murders: 33 True Stories of Revenge, Jealousy, Greed & Lust*, The History Press, 2012.

Tatar, Maria, *The Cambridge Companion to Fairy Tales*, Cambridge University Press, 2014.

Tetlow, Elisabeth Meier, *Women, Crime and Punishment in Ancient Law and Society*, A&C Black, 2004.

Thieme, Hugo P., *Woman of Modern France*, Library of Alexandria, 1908.

Thomas, Chantal, *The wicked queen: the origins of the myth of Marie-Antoinette*, Zone Books, 1999.

Tremeear, Janice, *Illinois' Haunted Route 66*, The History Press, 2013.

Turner, Kay, *Transgressive Tales: Queering the Grimms*, Wayne State University Press, 2012.

Vovk, Justin. C., *In Destiny's Hands: Five Tragic Rulers, Children of Maria Theresa*, iUniverse, 2010.

Whittington-Egan, Molly, *The Stockbridge Baby Farmer*, Neil Wilson Publishing, 2011.

Wier, Nigel, *British Serial Killers*, AuthorHouse, 2011.

Williams, Hugh Noel, *Memoirs of Madame Du Barry, of the Court of Louis XV*, P. F. Collier, 1910.

Wratislaw, Albert Henry, *Sixty Folk-tales from Exclusively Slavonic Sources*, BiblioBazaar, 2009.

Wright, Thomas, *The History of France: From the Earliest Period Fo the Present Time*, London Print. and Publishing Company, 1858.

Zipes, Jack, *The Golden Age of Folk and Fairy Tales: From the Brothers Grimm to Andrew Lang*, Hackett Publishing, 2013.

Zipes, Jack, *When Dreams Came True: Classical Fairy Tales and Their Tradition*, Psychology Press, 1999.

Zipes, Jack, *Why Fairy Tales Stick: The Evolution and Relevance of a Genre*, Routledge, 2013.

Zornado, John, *Inventing the Child: Culture, Ideology and the Story of the Child*, Taylor & Francis, 2002.

Zweig, Stefan, *Marie Antoinette: The Portrait of an Average Woman*, Grove Press, 2002.

은밀한 세계사

지은이 _ 이주은
펴낸이 _ 강인수
펴낸곳 _ 도서출판 **피피에**

초판 1쇄 발행 _ 2016년 5월 10일
초판 3쇄 발행 _ 2018년 8월 17일

등록 _ 2001년 6월 25일 (제2012-000021호)
주소 _ 서울시 마포구 서교동 487 (209호)
전화 _ 02-733-8668
팩스 _ 02-732-8260
이메일 _ papier-pub@hanmail.net

ISBN 978-89-85901-80-2 03900

· 잘못 만들어진 책은 바꾸어 드립니다.
· 값은 뒤표지에 있습니다.

ⓒ 이주은, 2016

이 책은 신저작권법에 의하여 보호를 받는 저작물이므로 무단전재와 무단복제, 광전자 매체 수록 등을 금하며, 이 책 내용의 전부 또는 일부를 이용하려면 반드시 저작권자와 파피에 출판사의 서면 동의를 받아야 합니다.